Matthias Wagner

Wir
vom Jahrgang
1957

Kindheit und Jugend

Impressum

Bildnachweis:

Umschlagvorderseite: Matthias Wagner, Umschlagrückseite: Martina Güldemann

Martina Güldemann: S. 7, 16, 32, 33, 43, 49, 50, 51, 63 re. unten; ullstein bild-Lehnartz; ullstein bild-ADN-Bildarchiv: S. 13 u.; ullstein bild-Imagno: S. 13 o; ullstein bild-Pressefoto Kindermann: S. 19; ullstein bild-Bernd Thiele: S. 21; ullstein bild-DHM/Schwarzer. S. 24; ullstein bild-SPUTNIK: S. 25 (2); © Dressler Verlag: S. 30 unten; ullstein bild-Schellhorn: S. 47; ullstein bild-United Archives/KPA: S. 56; ullstein bild–United Archives/90061: S. 57; ullstein bild-Lothar M. Peter: S. 58 li; ullstein bild-Christoph Becker: S. 58 re; ullstein bild-Leber: S. 58 u.
Alle übrigen Fotos stammen aus dem Privatarchiv von Matthias Wagner.

9. Auflage 2022
Alle Rechte vorbehalten, auch die des auszugsweisen Nachdrucks und der fotomechanischen Wiedergabe.
Gestaltung und Satz: r2 | Ravenstein, Verden
Druck: Druck- und Verlagshaus Thiele & Schwarz GmbH, Kassel
Buchbinderische Verarbeitung: Buchbinderei S. R. Büge, Celle
© Wartberg-Verlag GmbH
34281 Gudensberg-Gleichen • Im Wiesental 1
Telefon: 056 03/9 30 50 • www.wartberg-verlag.de
ISBN: 978-3-8313-3157-4

Vorwort
Liebe 57er!

Da kommt ein Freund heutiger Tage und fragt, wie war das denn bei euch, in den 60er-, 70er-Jahren …Ich fange an zu überlegen. Auf die Kindheit und erste Jugend haben sich Stapel an Erlebnissen, Erfahrungen, Einsichten gelegt. Und täglich kommt Neues hinzu. Rauf auf den Stapel. Er rutscht durcheinander. Die Jahre vertauschen sich, Erlebnisse damaliger Tage verblassen, ähnlich den alten Dias, die lange schon im hintersten Winkel des Schrankes ein Schattendasein führen. Eine „Entrümplungsfirma"? Kann sie, soll sie ein gelebtes Leben sortieren?

Stück für Stück wird selbst geordnet. Und mit jedem Blatt, jedem Foto, jedem abgerissenen Billet stehen Bilder vor Augen, Geschichten und Geschichte, die es wert sind, aufgeschrieben zu werden. Von Entrümplung keine Rede mehr, sondern von der Freude einer Rückbesinnung auf unsere ersten 18 Jahre.

Unserem Jahrgang ist es an der Wiege gesungen worden, dass ein ganz neues Tempo unser Leben bestimmen wird. Während wir ungestört wuchsen, schrumpften die Entfernungen auf der Welt von Kontinent zu Kontinent auf Stunden zusammen. Neugier und Wissensdrang trieb den Erdenbewohner sogar dazu, den Weltraum zu erforschen. Die Raumfahrt begann.

Wir konnten Kind sein, mit unseren Spielen, unseren Streichen. Tja, was hat sie ausgemacht, unsere Kindheit und Jugend? Sicher für jeden etwas anderes und doch gibt es so vieles, an das wir uns gemeinsam erinnern: Lederhosen und Bummi, Badusan und den Sandmann, Brockensplitter und Schlager-Süßtafel, Mifa und Glockenjeans.

Liebe 57er, wir wünschen Ihnen viel Spaß beim Lesen, Träumen und persönlichen Erinnern.

Regina Söffker   Matthias Wagner

1957–1959

Lederhose und Teddy Brumm

Schön ist es auf der
Welt zu sein.

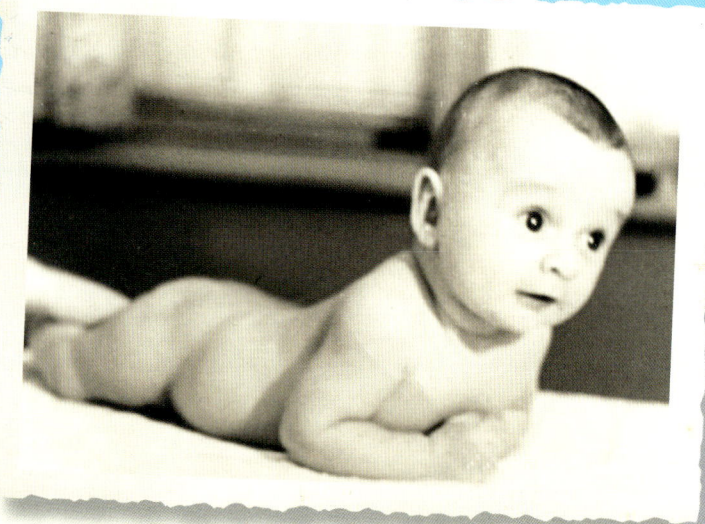

Per Eilpost

Wir sind ein ausgesprochen dynamischer Jahrgang. Viele bekannte Sportle-
rinnen und Sportler sind 1957 geboren. Die Weltrekordlerinnen Schwimmerin
Andrea Hübner und Leichtathletin Marita Koch, Judoka Karl-Heinz Lehmann
und Fußballer Norbert Nachtweih erblickten in diesem Jahr das Licht der
Welt. Unsere Mütter haben scherzhaft behauptet, wir hätten uns mit unserem
ersten Schrei nach ihrem Dienstplan gerichtet. Sie hätten nach der Geburt
sogar pünktlich zur Arbeit gehen können.

Chronik

3. Januar 1957
Als „Deutscher Fernsehfunk" startet offiziell das Fernsehprogramm der DDR.

28. April 1957
Der Deutsche Turn- und Sportbund (DTSB) wird gegründet.

4. Oktober 1957
Der erste Weltraumsatellit „Sputnik 1" wird von der Sowjetunion gestartet.

13. Oktober 1957
Die seit 1948 gültigen Geldscheine werden in einer Blitzaktion umgetauscht.

11. Dezember 1957
Die DDR beschließt ein neues Passgesetz, um die Zahl der Westreisen zu reduzieren. Die Republikflucht wird kriminalisiert.

1. Januar 1958
Das staatliche Kindergeld und die finanzielle Geburtenhilfe werden eingeführt.

2. Januar 1958
Das 60:40 Gesetz tritt in Kraft. Bei Veranstaltungen, im Rundfunk, bei Sendungen im Fernsehen mussten 60 Prozent Osttitel gespielt werden.

29. Mai 1958
Die Lebensmittelkarten werden in der DDR abgeschafft.

3. Juni 1959
Die Volkskammer verabschiedet das Gesetz über Landwirtschaftliche Produktionsgesellschaften. Damit beginnt die Kollektivierung der Landwirtschaft.

8. September 1958
Die staatliche Fluggesellschaft Interflug wird gegründet.

1. Oktober 1959
Der Sieben-Jahres-Plan ersetzt den Fünf-Jahres-Plan.

7. Oktober 1959
Zum 10. Jahrestag der DDR wird die neue Fahne vorgestellt: schwarz-rot-gold, in der Mitte mit Hammer, Zirkel und Ährenkranz.

22. November 1959
Die erste Folge von „Unser Sandmännchen" läuft.

Meine Lieblingsmelodie Auf Seite 5

Junge Welt

ORGAN DES ZENTRALRATS DER FREIEN DEUTSCHEN JUGEND

11. Jahrgang / Nr. 203   Freitag, den 30. August 1957   Preis 10 Pf,

Jungsozialisten fordern von SPD- und DGB-Führung:

Schluß mit Leisetreterei – Handelt, ehe es zu spät!

Vier Jugendverbände schließen sich zur „Antimilitaristischen Aktion 1957" zusammen

So sah die Junge Welt aus, als wir auf die Welt kamen.

Vielleicht kamen wir per Eilpost auf die Welt, weil wir wussten, dass wir ausgesprochene Wunschkinder waren und uns eine unbeschwerte und spannende Kindheit erwartete. Das Ende des verheerenden Krieges lag bei unserer Geburt zwölf Jahre zurück. Seine Wunden heilten, wenn auch langsam. Als Neugeborene interessierte uns zunächst nur trinken, baden, schlafen. Unsere kleine Welt erkundeten wir durch die Stäbe des Gitterbettchens, aus dem Kinderwagen und später aus dem Laufgitter.

Unser erster Auftrag war es, unsere Eltern mit nicht zu häufigem Gebrüll zu nerven, schnell zu wachsen, sauber zu werden und ein fröhliches Kind zu sein. Diese Aufgabe nahmen wir auf unsere Art schon ernst. Denn irgendein Instinkt sagte uns, dass da draußen das spannende Abenteuer des Kindseins auf uns wartete.

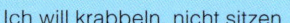
Ich will krabbeln, nicht sitzen.

Der erste Freund

Unsere erste Freundschaft schlossen wir wie Generationen vor uns mit einem ganz besonderen Spielgefährten. Er war aus Plüsch. Und er machte jedes Spiel mit. Ob wir ihn an den Ohren zogen, ihn bei ersten Gehversuchen hinter uns her schleiften oder uns auf dem Teppich mit ihm balgten. Nur ab und zu gab er einen tiefen Brummton von sich, was uns aber nicht störte. Sein Fell wurde arg zerzaust, häufig musste eines seiner Augen wieder festgenäht werden, aber um keinen Preis der Welt hätten wir auf diesen ersten treuen Freund verzichtet. Er saß beim Essen dabei, bekam ab und zu einen Löffel Brei, um uns mit gutem Beispiel zum Essen zu ermuntern. Er durfte sogar mit uns im Kinderbett schlafen.

Je mehr wir allerdings den aufrechten Gang beherrschten, umso mehr traten an seine Stelle Nachbarskinder, etwa im gleichen Alter wie wir. Das Plüschtier blieb der Schlafgenosse. Andere Vertreter aus dem Tierreich versuchten in späteren Jahren dem Bärchen den Rang abzulaufen, Fantasiegestalten wie Monchhichis oder Schlümpfe. Aber sie blieben Shooting Stars, während der Bär bis heute in der Beliebtheitsskala Platz 1 behauptet. Er ist Titelheld unzähliger Kinderbücher, sogar Kalender wurden mit ihm gestaltet.

Große wunderbare Welt

Unsere Welt vergrößerte sich mit jedem Monat. Der verhältnismäßig kleine Horizont über dem Kinderwagen, im Laufgitter und in der Wohnung erweiterte sich zum Glück. Damit waren wir auch nicht mehr irgendwelchen Tanten, Onkeln oder Nachbarn ausgesetzt, die sich ständig über uns beugten und ihre Kommentare abgaben. „Von wem hat er bloß die Augenfarbe?" – „Nase und Ohren ganz der Papa" – „Man sieht schon jetzt, dass der Junge mal ein richtiger Lockenkopf wird."

Auf unseren Stundenplan hatten wir jeden Tag mehrere Trainingseinheiten Babysport geschrieben. Erste Übung: Ausdauertraining im Krabbeln, zweite Disziplin: Arme kräftigen durch Hochziehen an allem, was größer und stabiler war als wir. Und nicht zu vergessen: die Lungen mussten gestärkt werden, und wenn es durch Gebrüll war, weil etwas nicht klappte. Nur Mutter konnte unsere Schreiattacken richtig einordnen. Oh weh, das Kind hat Hunger, es zahnt, jetzt ist es nur Trotz oder zu wenig Aufmerksamkeit.

Was können wir dafür, dass ein Kachelofen nun mal heiß ist, dass Tischecken ausgesprochen spitz und Steckdosen ohne Kindersicherung sind? Was stört es einen richtigen Jungen, bei noch ungelenken Spielen den Fußboden mit den Knien oder dem Hosenboden zu vermessen und sich an vorstehenden Ecken ein paar blaue Flecken einzufangen? Die Erwachsenen aber kannten kein kein Pardon. Der Stöpsel wurde im Ställchen eingeparkt, ob er brüllte oder nicht. Und damals hieß es wirklich noch: „Lass ihn ruhig schreien, das kräftigt die Lunge".

Aus der Erinnerung waren die Knie in den kommenden Jahren die am meisten strapazierten Körperteile. Pflaster und brennendes Arnika zur Desinfektion mussten immer im Haus sein. Darüber heulen, das war etwas für Mädchen, nicht für richtige Jungs. Schon damals wussten wir, ein Indianer weint nicht, ein Indianer kennt keinen Schmerz.

Gut, wenn die ganze Familie um mich herum ist.

Früh übt sich …

… was einmal ein Fußballstar werden möchte. Uns Jungs ist es wohl in die Wiege gelegt, dass wir, kaum sicher auf den eigenen Beinen stehend, einem Ball hinterherlaufen. „Schieß den Ball zurück", ermunterten uns Väter oder größere Brüder. Der Versuch ging daneben, das runde Ding wurde nicht getroffen oder wir landeten unsanft auf dem Hinterteil. Fasziniert schauten wir den Größeren beim schnellen Ballspiel zu und brüllten, wenn sie uns als Stören-friede verscheuchten. Ein paar Jahre später sollte sich das ändern. Dann waren wir diejenigen, die die kleinen Tollpatsche nicht mitspielen ließen. Unermüdlich tappten wir auf noch wackligen Beinen dem runden Leder hinterher, versuchten zu treffen und dabei nicht das Gleichgewicht zu verlieren. Früh übt sich und früh kann nicht früh genug sein.

… nur die Wurst hat zwei

Alles hat bekanntlich ein Ende, nur die Wurst hat zwei. Wäre es nach dem russischen Staats- und Parteifürsten Nikita Chruschtschow gegangen, dann hätte unsere Wurst keine Enden, sondern einen Stiel. Jede fleischfres-sende Pflanze überkommt das kalte Grausen bei der Vorstellung, dass sich die Losung aus der Sowjetunion von der „Wurst am Stängel" hätte durchsetzen können. Mit der Kampagne sollte die Maisproduktion in der DDR angekurbelt werden. Ich sehe unsere Generation in einem Albtraum am Maiskolben knab-bern, statt sich ein argentinisches Steak in die Pfanne zu hauen und dazu das Maislied singen „Ja der Mais, der Mais, der schmeckt, weil jeder weiß, das ist ein strammer Bengel – und wer den besten Mais anbaut, das ist ein kluger Mann, weil er in die Zukunft schaut und die fängt gerade an."

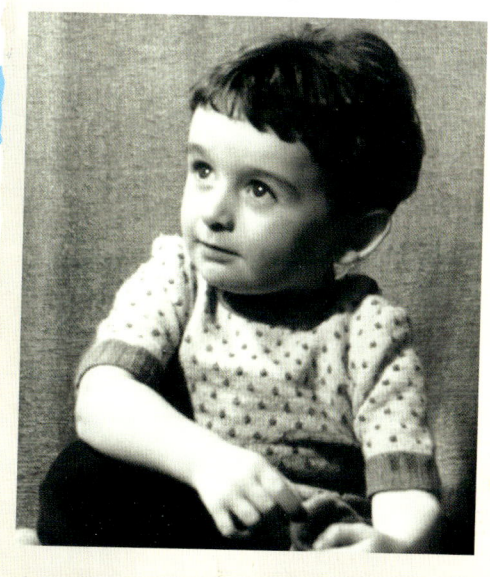

Stabil und formschön

Kurze Lederhosen haben einen riesigen Vorteil. Der heißt für Mütter Zeitersparnis. Die Ledernen hielten ohne Risse Rutsch-versuchen stand. Sie wurden nicht schmut-zig, sondern etwas speckig, was dem Kleidungsstück aber keinen Abbruch tat. Im Gegenteil. Mit etwas Glanz war eine Lederhose erst eine Lederhose. Dazu wurden selbst gestrickte Pullover getragen. Praktisch war die Devise. Und langlebig. Der Hinweis, das ist echte Schaf-wolle, lehrte uns das Gruseln. Die Pullover kratzten und kratzten. Uns Stepp-kes, ob Mädchen oder Jungen, interessierte unter modischem Aspekt noch nicht, welche Kleidung wir trugen. Hauptsache, sie kratzte nicht allzu sehr und behinderte nicht beim Spielen und wir durften uns auch mal schmutzig machen. Wir wuchsen zu schnell aus einem Pullover heraus, also wurde am Ärmel angestrickt. Die Ellenbogen waren durchgewetzt, bunte Flicken ließen den Pulli wie neu erscheinen. Aus den Kleidchen, die den Mädchen nicht mehr passten wurden oft noch Röckchen, Blüschen oder Schürzchen genäht.

Kleine Forscher

Kleine Forscher wollen mit allen Sinnen ihre Umwelt erkunden. Und nichts, aber auch nichts war vor uns sicher. Die älteren Geschwister murrten, wenn sie auf die Kleinen aufpassen sollten. Schließlich war das eine Einschränkung ihrer Spielzeit. Und kümmerten sie sich nicht genug um uns, dann hatten wir garan-tiert irgendetwas in die Finger bekommen, um es wenig fachgerecht zu zerle-gen. Ob es die Blumen im Vorgarten waren, die einfach ausgezupft wurden, die Puppe, deren Skalp wir triumphierend in der Hand hielten, das Spielzeug-auto, bei dem der Radwechsel nicht gelingen wollte ...

Die Demontagen waren verhältnismäßig einfach, die fachgerechte Montage weitaus schwieriger und oft sogar teuer. Ärger mit den Erwachsenen bekamen

nicht wir Knirpse, sondern die „Großen". Dadurch kletterte die Beschäftigung mit uns bei den größeren Geschwistern sicher nicht in der Beliebtheitsskala. Die Welt erobern bedeutet nun einmal, sie auch mit den Händchen zu begreifen und, wenn nötig, etwas in seine Einzelteile zu zerlegen. Wie heißt es in Goethes „Faust"? „Dass ich erkenne, was die Welt im Innersten zusammenhält." Mit dem Wiederzusammensetzen hatten wir es nicht so, diese Lektion verschoben wir auf später.

Pack die Badehose ein …

… und Spieleimer, Förmchen und natürlich Teddy Brumm. Los ging es in den Urlaub. Die wenigsten Familien hatten ein eigenes Auto, sondern fuhren mit dem Zug. Für uns Kinder war die Fahrt an sich schon ein Erlebnis. Die Dampflokomotive schnaufte durch die Landschaft, ließ ab und zu ein Pfeifen hören, wie „Hallo, wir kommen" und brachte uns mit jedem Kilometer dem ersehnten Ziel näher. Das erste Mal die Ostsee sehen, lauter Sand und nicht nur ein kleiner Buddelkasten. Wasser, so weit das Auge reicht, große und kleine Schiffe – einfach ein Kinderparadies.

Einen Urlaubsplatz vom FDGB zu bekommen, war ein Volltreffer, besonders, wenn es dann noch ans Meer ging. Die Ostsee galt bei DDR-Bürgern als das Urlaubsziel Nummer eins schlechthin. Da störte sich keiner daran, dass die Unterkünfte einfach waren, meist bei einheimischen Fischern. Die Familie hatte einen Platz auf Rügen, dem Darß oder auf Usedom ergattert und sandte ein Stoßgebet gen Himmel für schönes Sommerwetter, um die Zeit so richtig genießen zu können. Überdachte Badeparadiese, Wellnessoasen waren zu jener Zeit noch ein Fremdwort.

In den kommenden Jahren waren laut Ferienvergabeplan in den Firmen der Eltern andere Kollegen dran. Um dann zu einem Urlaubsplatz zu kommen, war Ideenreichtum gefragt. Entweder die Familie leistete sich einen Platz, gebucht im Reisebüro oder fand ein Privatquartier. Auf den Zeltplätzen des Bezirkes Neubrandenburg weilten jedes Jahr zirka 200 000 Campingfreunde. An der Ostsee nutzten die Urlauber jeden Quadratmeter der 341 Kilometer langen Küstenlandschaft.

Glück hatte, wer Großeltern auf dem Land hatte, die zumindest die Enkel gern in den Sommermonaten für ein paar Wochen betreuten, auch wenn die Landleute im Sommer Hochkonjunktur hatten.

Der eine oder andere erlebte auch schon seinen ersten Urlaub, vielleicht sogar an der Ostsee.

Geliebter Stinker

1957 rollte aus dem Sachsenland der erste Trabi vom Werksgelände. Der Kleine mit der großen Auspuffklappe eroberte im Nu die Herzen der Möchtegern-Autofahrer. Von 1957 bis 1991 wurden 3 096 099 Trabis hergestellt. Im Schnitt haben unsere Eltern zehn Jahre auf den fahrbaren Untersatz gewartet und dafür gespart. Neidische Menschen haben den Kleinen einfach „überdachte Zündkerze", „Rennpappe" oder „Duroplast-Bomber" genannt.

Den Vergleich mit den westlichen Schwestern scheute der Straßenschreck. Und doch war unser Trabi Kult, stinkend,

Buch als Bastelanleitung für den Trabant.

knatternd, zuverlässig. Ein Witz hieß „Wer seinen Trabant liebt, der schiebt." Aber eigentlich war die DDR-Rennpappe unverwüstlich. Im Vergleich zu heutigen Autos konnte am Trabi viel gebaut und auch einiges selbst repariert werden. Riss ein Keilriemen, half eine Damenstrumpfhose. Die Frauen gaben sie zwar ungern und nur unter Protest für so etwas Schnödes her. Denn Feinstrumpfhosen waren teuer und wurden bei kleinen Laufmaschen zur Reparatur gebracht. „Ich fahre einen Trabant" – dieses Buch gab dem Hobby-Kfz-Mechaniker Pflege- und Bastelhinweise.

Trabis bevölkerten das Straßenbild.

„Eh' jedes Kind ins Bettchen muss …"

Seit dem 22. November 1959 kam jeden Abend der Sandmann. Wenn die Trickfilmpuppe bei uns Kindern den Sand via Fernsehen in die Augen streute, hieß es unweigerlich ins Bett zu gehen.

Der Zwerg mit Spitzbart und Zipfelmütze wurde von uns Kindern geliebt. Assistiert von zahlreichen lustigen Figuren, wie Pittiplatsch und Schnatterinchen, dem schlauen Herrn Fuchs, der listigen Frau Elster und dem lieben Borstel (Igel) lauschten wir, meist schon bettfein im Schlafanzug, gewaschen und mit „Putzi"-gepflegten Zähnchen der täglichen Abendgeschichte. Eingeleitet wurde der DDR-Abendgruß mit folgendem Lied:

„Sandmann, lieber Sandmann,
es ist noch nicht so weit!
Wir senden erst den Abendgruß,
eh'jedes Kind ins Bettchen muss,
du hast gewiss noch Zeit!
Sandmann, lieber Sandmann,
hab nur nicht solche Eil!
Dem Abendgruß vom Fernsehfunk
lauscht jeden Abend alt
und jung,
sei unser Gast
derweil."

Gerhard Behrendt, der
Erfinder des Sandmännchens,

1957 geboren

18. Feb.	**Marita Koch**, *Leichtathletin, Olympiasiegerin, Weltrekordlerin*
19. Feb.	**Falco**, *(6.2.1989 gestorben) Österreichischer Popsänger und Musiker*
29. März	**Christopher Lambert**, *Schauspieler*
23. April	**Dominique Horwitz**, *Schauspieler und Sänger*
14. Juli	**Steffi Scherzer**, *Primaballerina Deutsche Staatsoper*
18. Aug.	**Harald Schmidt**, *Schauspieler und Entertainer*
20. Sep.	**Sabine Christiansen**, *Fernsehmoderatorin*
30. Okt.	**Alexander Iwanowitsch Lasutkin**, *Russischer Kosmonaut*

Die Leichtathletin Marita Koch.

1960–1962

Badusan und Sandmann

Spielen auf der Wiese macht Spaß.

Helden wie wir

Helden wie wir fragen nicht, warum sie von einem Tag auf den anderen in aller Herrgottsfrühe aufstehen müssen. Helden wie wir zeigen nicht die Aufregung beim ersten Gang zum Kindergarten, eine Brottasche aus Leder oder Lederol um den Hals. Helden wie wir verstecken sich nicht aus Angst hinter Mutters Rockzipfel, sondern nur, um unbeobachtet einen Überblick über die neuen Spielgefährten zu bekommen. Na ja, Tante Ursel, Käthe oder wie immer die „Tagesmamas" auch hießen, sie schienen ganz akzeptabel.

Chronik

18.–28. Februar 1960
Helga Haase (Eisschnelllauf) und Helmuth Recknagel (Spezialsprunglauf) holen in Squaw Valley das erste „Wintergold" bei Olympischen Spielen.

15. April 1960
Im Bezirk Karl-Marx-Stadt wird die gesamte Kollektivierung der Landwirtschaft der DDR abgeschlossen.

25. Aug. bis 11. Sep. 1960
Die Dresdnerin Ingrid Krämer gewinnt während der Olympischen Sommerspiele in Rom das Kunst- und Turmspringen.

7. September 1960
Wilhelm Pieck stirbt und Walter Ulbricht kommt an die Macht.

12. April 1961
Juri Gagarin kreist als erster Mensch 108 Minuten lang durch das Weltall.

29. Juli 1961
Für berufstätige Frauen wird der Haushalts-tag eingeführt.

13. August 1961
Der Bau der Berliner Mauer beginnt, nachdem bis Juli wieder 30 415 Menschen in den Westen geflüchtet sind.

13./14. November 1961
Alle Stalin-Denkmäler werden entfernt, Stalin-Straßen umbenannt, Stalin-Stadt wird Eisenhüttenstadt.

24. Januar 1962
Die Volkskammer beschließt die allgemeine Wehrpflicht.

3. April 1962
In Ostberlin kommt es zu einer Ruhrepide-mie.

12. Juni 1962
Die Arbeiter- und Bauern-Fakultäten (ABF) stellen ihre Tätigkeit ein.

8. September 1962
Walter Ulbricht spricht von der Mauer als „anitifaschistischem Schutzwall".

24. Oktober 1962
Die „Kuba-Krise", ausgelöst durch die Aufstellung sowjetischer Raketen auf dem Inselstaat, spitzt sich durch die Seeblo-ckade der USA zu. Erst Jahre später erfährt die Öffentlichkeit, wie knapp die Welt vor einem Atomkrieg stand.

Schnell begriffen wir, ob im kirchlichen oder im kommunalen Kindergarten, die berühmten Extrawürste wurden für keinen gebraten. Hier hieß es in der Reihe zu tanzen, Ordnung und Diszip-lin zu lernen. Dafür gab es viele Mädchen und Jungen, mit denen wir spielen konnten.

Das schwarze Buch

Aus der Kindergartenzeit sind drei Bücher fest in meinem Gedächtnis verankert: ein schwarzes, ein silbernes und ein goldenes Buch. In das schwarze wurden das ganze Jahr über die kleinen Missetaten geschrieben, in die anderen gute beziehungsweise Beispiele für sehr gutes Benehmen.

Als wir Jungen uns einmal am Mittagstisch die Wartezeit auf das Essen als Zappelphilipps verkürzten, die Zähne als Halt fest in der Wachs-tuchtischdecke gedrückt, kam, was kommen musste. Wir kippten um, jeder ein riesiges Stück Wachstuch im Mund. Die Geschichte vom Zappelphilipp aus dem bekannten Struwwelpeterbuch wurde neu geschrieben. Wir bekamen einen Eintrag in das schwarze Buch. Damit war Weihnachten ohne Geschenk im Kindergarten besiegelt.

Der Weihnachtsmann, der für den Kindergarten zuständig war, war offensichtlich nicht bereit, den dummen

Streich bis Weihnachten zu vergessen. Möglichkeiten, ähnlich wie beim Flensburger Sündenregister Punkte abzubauen und aus dem Buch gelöscht zu werden, gab es also bei den Kindergartentanten nicht. Dabei lernten wir doch auch bei Streitigkeiten mit Gleichaltrigen zu verzeihen und eine Entschuldigung anzunehmen.

Wir hatten aber trotzdem viel Spaß in unserer Tagesheimat. Wir vergnügten uns bei schönem Wetter im Garten. Wir bauten mit Bausteinen und ließen eine kleine Eisenbahn fahren. Die Mädchen spielten mit Puppen. An manchen Tagen durften sie ihre eigenen Puppenkinder mit in den Kindergarten bringen. Aus Buntpapier, Glasperlen, Kastanien und bunten Blättern entstanden kleine Kunstwerke. Und bei Mutti gab es für dieses kleine Geschenk wieder eine klitzekleine Extrawurst in Form von Bonbons oder einem Tütchen Eis für 20 Pfennig.

Sommerfrische vor der Haustür

Wer kennt sie nicht – die grünen Oasen mitten in Großstädten? Ein Gelände mit Bäumen, Beeten, bunten Lauben, fein säuberlich parzelliert. Mitten im Grau von Mietskasernen, eingeschlossen von Bahngleisen oder am Stadtrand jwd (janz weit draußen) boten sie sich als grüne Lunge an. Für uns Kinder waren die kleinen Schrebergärten mit den fantasievollen Namen „Himmelreich" oder „Sieben Zwerge" ein wunderbarer Platz, um zu spielen und Abenteuer zu erleben. Im Sommer gingen wir in der Woche abends oft noch zum Gießen der Blumen in das eigene Laubenpieperreich. Die Wochenenden gehörten ganz der Familie und dem Garten. Jeder Zentimeter im Gärtchen wurde genutzt. In ordentlichen Reihen gedieh eigener Salat, daneben Erdbeeren, das kleine Stückchen neben dem Salat diente als Kräuterbeet für Schnittlauch und Petersilie. Als natürliche Begrenzung zum Nachbarn boten sich dichte Sträucher mit Stachelbeeren und Johannisbeeren an, auf den mittelhohen Bäumen reiften Pflaumen, Äpfel und Birnen.

Mutters ganzer Stolz war ein Blumenbeet und unser Kinderglück ein kleiner Sandkasten zum Buddeln, später die Bäume zum Klettern. Bei ganz heißem Wetter wurde eine Zinkwanne für uns Kinder zum Planschen aufgestellt.

Im Garten gab es für die Erwachsenen und später für uns heranwachsende Kinder immer etwas zu tun: Es wurde gejätet, gesät, gepflanzt, gedüngt, geerntet und oft gleich im Garten das Obst zum Einkochen vorbereitet.

Ich schmecke noch heute die rote oder grüne Fassbrause, die es im Vereinsgebäude für ein paar Pfennig gab. Ich sehe noch die Männer am Billardtisch nach getaner Gartenarbeit gemeinsamen Spaß an einem Spiel finden. Oder ich sehe mehrere Familien an lauen Sommerabenden im Garten bei Bowle sitzen, natürlich mit selbst geernteten Früchten. Wir kannten keine frischen Erdbeeren zu Weihnachten, keine Tomaten im Winter. Und doch behaupte ich, dass Obst nie wieder so gut geschmeckt hat, wie die erste sonnengereifte Erdbeere aus dem eigenen Garten.

Im Schrebergarten.

Mit der Natur vertraut

Ging es in den Sommerferien aufs Dorf zu Oma und Opa, Onkel und Tante, dann lernten wir, uns mit der Natur vertraut zu machen. Der Wecker war kein schrilles Ding, sondern der zuverlässige Hahn, der seine Hühnermeute ordentlich auf Trab hielt. Die Hauskatze, die sich schon mal dösend von den Mädchen im Puppenwagen spazieren fahren ließ, interessierte uns nur, wenn sie

Im Schrebergarten gab es nur eine Toilette mit Herz.

Nachwuchs hatte. Natürlich lagen wir unseren Eltern in den Ohren, so ein süßes Katzenbaby mit nach Hause nehmen zu dürfen.

Wir ließen Papierschiffchen im Bach schwimmen, bauten Dämme, fingen Frösche und Kaulquappen. Wie oft haben wir uns mit unreifem Obst den Magen verdorben und mit einer Wärmflasche auf dem Bauch geschworen, nie wieder Früchte zu stibitzen.

Die Natur war ein einziger großer Bastelladen. Mit ein bisschen Improvisationstalent ließ sich sogar eine eigene Angel zaubern. Nur gefangen haben wir mit der Marke Eigenbau nichts. Den aufrechten Gang beherrschten wir in allen Facetten: gehen, rennen, hüpfen. Es war also an der Zeit, die nächste Fortbewegungsart in Angriff zu nehmen – das Schwimmen.

Mit fünf Jahren hatten einige von uns schon ihr Freischwimmerzeugnis in der Hand und unsere Eltern die Gewissheit, dass sie uns unbesorgt am und im Wasser spielen lassen konnen.

Spaß und Abenteuer aus der Flimmerkiste

Meister Nadelöhr

Ich komme aus dem Märchenland,
schnibbeldi-schnabbeldi-Scher',
bin allen Kindern wohlbekannt
und reise weit umher.
Die schönsten Märchen kenne ich
und alle Kinder freuen sich,
schnibbeldi-schnabbeldi-Scher',
auf Meister Nadelöhr.

Pitti-Platsch

Ich bin der kluge Pitti-Platsch,
der alles machen kann,
und wer es noch nicht glaubt, plitsch-platsch,
hör sich mein Liedchen an!
Ich fange alle Diebe,
das ist ja gar nicht schwer,
bin Pitti-Platsch, der Liebe,
bei Meister Nadelöhr!

Am 23. November 1955 wurde „Meister Nadelöhr" erstmals vom Deutschen Fernsehfunk ausgestrahlt. Die Sendung wurde zu einer der beliebtesten Kindersendungen und gehörte jahrelang zum Leben eines Kindes in der DDR. Genauso bekannt bis heute ist Pitti-Platsch, der 2002 40 Jahre alt wurde.

Professor Flimmrich

Die Flimmerstunde mit Professor Flimmrich sendete samstags gegen 14 Uhr der Deutsche Fernsehfunk. Zu Beginn wurden neue Kinderfilme vorgestellt. Danach kam ein Märchenfilm. Wunderschöne Märchen, wie „Das singende klingende Bäumchen", „Die feuerrote Blume", „Dornröschen" oder „Das kalte Herz" wurden gezeigt. 1500-mal hatte der Professor seinen Auftritt im DDR-Fensehen.

Fury

„Na Fury, wie wär's mit einem kleinen Ausritt, hast du Lust?" Wildwest mit Fury – das war was für uns Jungen. Die Abenteuer des schwarzen Hengstes Fury und seines kleinen Herrchens Jim Newton von einer Ranch in Amerika waren ein Dauerbrenner für Jungen und Mädchen. Produziert wurde die Serie zwischen 1955 und 1960 in den USA, es gibt 113 ins Deutsche synchronisierte Folgen.

Lassie

Fast jedes Kind wollte einen Hund haben, der so klug und so lieb war wie Lassie, die wohl berühmteste Hündin der Welt. 581 Serienfolgen und 14 Spielfilme wurden ab 1958 über die Abenteuer der Colliehündin gedreht. Ab 1960 waren die Geschichten von Lassie und ihrem kleinen Herrchen Jeff in der ARD zu sehen. Und was bedeutet der Name Lassie eigentlich? Als Lassie bezeichnet man in Schottland ein junges Mädchen.

In unserer Kindheit wurden die Fernsehstunden noch zugeteilt und beschränkten sich auf wenige Sendungen. Meist hieß es: „Geht lieber draußen spielen". Aus heutiger Sicht eine weise Anordnung. Zu den unangenehmsten Strafen für einen üblen Streich oder eine Ungezogenheit gehörte dann das Fernsehverbot.

4. bis 6. Lebensjahr

Stolperfallen

„Ätsch, ich darf jeden Abend zwei Sandmännchen sehen", platzte der unbe-
dachte sechsjährige Dreikäsehoch in die Stille des Wartezimmers zur Schul-
tauglichkeitsuntersuchung. Mutter bekam einen roten Kopf, andere Eltern
schauten betreten zu Boden und taten so, als hätten sie die unbewusste
Provokation des vorlauten Sechsjährigen gar nicht gehört. Zu Hause gab es für
den Steppke seine erste Lektion, sagen wir im Lügen oder besser in Diplomatie.

Wir hatten nur einen Sandmann. Wir Kinder sahen Meister Nadelöhr und
Professor Flimmrich, aber nicht die „Augsburger Puppenkiste" und „Fury". Und
die DDR-Uhr im Fernsehen hat Punkte und keine Striche. Geschenke aus
Westpaketen wurden nicht mit in den Kindergarten genommen, „Fix und Foxi"
schon gar nicht und auch der Kaugummi durfte nicht offiziell getauscht werden.

Die Dresdner Kinder aus dem „Tal der Ahnungslosen" hatten es in dem Punkt
einfacher. Sie wären nie in diese Verlegenheit gekommen. Das Erste Deutsche
Fernsehen aus dem Westen erreichte ganz Deutschland, aber eben nicht
jenen östlichsten Zipfel.

Echte Jungsspiele

Wenn das Wetter es irgendwie erlaubte,
spielten wir draußen. Zum Glück waren die
Wohngebietsstraßen noch nicht mit Autos
zugeparkt und der Verkehr war minimal. So
konnten Straße und Hof zur Spielwiese für
Rollerrennen, Räuber und Gendarm, Verstecken und Fußballwettkämpfe werden. War
kein Spielgefährte zur Hand, musste es eine
Hauswand ertragen, dass sie stundenlang mit
einem Ball „beballert" wurde.

Ungefährliche Spiele mit einem Holzgewehr.

Ein beliebtes Spiel damaliger Tage war das zielgerichtete Werfen eines Pfennigs an eine Hauswand. Wer am nahesten dran war, hatte gewonnen. Für dieses Spiel gab es regional die unterschiedlichsten Begriffe von „klimpern" über „pimpern" bis „schangeln". Beim Spiel „Räuber und Gendarm", das wir fast täglich auf unserem Programm hatten, wurde natürlich auf beiden Seiten auch „scharf geschossen". Setzen wir Zielgenauigkeit voraus, dann war der Räuber tot oder es fehlte ihm künftig ein Arme oder ein Beine.

Wir wunderten uns über die vielen „echten" Männer, denen Arme oder Beine fehlten. Zwar versuchten unsere Eltern, uns das schießwütige Spiel zu verleiden und berichteten von den Kriegsgeschehnissen, aber wir begriffen den Zusammenhang noch nicht.

13. August 1961

Straßen werden aufgerissen, Panzersperren und Stacheldrahtverhaue errichtet. Wir schreiben den 13. August 1961. Die Sektorengrenze nach West-Berlin wird hermetisch abgeriegelt. 5000 Angehörige der Deutschen Grenzpolizei, zirka 5000 der Schutz- und Kasernierten Volkspolizei, 4500 Mitglieder der Betrieblichen Kampfgruppen reißen Straßen auf, ziehen Zäune hoch. Die Mauer entsteht. Die unmenschliche Teilung Deutschlands mit Mauern, Wachtürmen trennt über Generationen gewachsene Verbindungen, Familien, teilt Straßenzüge, schneidet sogar Häuser in zwei Teile. Ost- und Westdeutschland. Bekanntestes Symbol der deutschen Teilung wird das Brandenburger Tor in Berlin.
An der Grenze herrscht Schießbefehl. Zwischen 1961 und 1989 starben zahlreiche Menschen an der Mauer. Genaue Opferzahlen fehlen.

Als die Mauer gebaut wurde, waren wir vier Jahre alt.

4. bis 6. Lebensjahr

Das artige Kind

Kaum standen wir sicher auf den Beinen, wurden von den Großen für uns
Regeln aufgestellt. Wurden sie nicht eingehalten, gab es zu Hause die Gelbe
oder gar die Rote Karte. Zu diesen Regeln gehörte, dass der Teller abgeges-
sen wird. Egal ob es nach unserer Nase war oder nicht.

Das brave Vorschulkind mit
seinen chic gekleideten Eltern.

Unsere Eltern und Großeltern hatten Kohldampf geschoben und waren nun der Meinung, dass ein Kind alles essen könne. Man musste so lange am Tisch sitzen bleiben, bis der Teller leer war. Streikte das Kind, dann gab es nichts anderes, es musste hungrig ins Bett oder es wurde Stubenarrest verordnet.

Wir lernten Bitte und Danke zu sagen und in der Straßenbahn aufzustehen, wenn ein Erwachsener keinen Platz hatte. Selbstverständlich machten wir einen Knicks oder Diener, antworteten nur, wenn wir gefragt wurden und vieles mehr. Das war halt so, wurde von den Erwachsenen so angeordnet, nicht erklärt, schon gar nicht ausdiskutiert und trotzdem von uns akzeptiert und nicht hinterfragt.

Den strengen Regeln und Erziehungsnormen setzten wir gewissermaßen als Ventil unsere eher harmlosen Streiche entgegen. Wir haben nicht wie unsere literarischen Vorbilder Max und Moritz Hühner aus dem Schornstein geangelt oder Lehrer Lämpel Schießpulver in die Tabakspfeife gestopft. Wir machten Klingelpartien und ließen zur Unterstützung der Bimmelei ein Holzstäbchen in mancher Klingel stecken. Im Winter beballerten wir die noch teils offenen Straßenbahnwagen mit Schneebällen. Wir haben Junikäfer in Einweckgläsern gesammelt und in einem Tanzlokal zur Freude der tanzenden Paare in die Freiheit entlassen. Wir haben Pfennige auf die Gleise der Straßenbahn gelegt und dann verglichen, wessen Geldstück am breitesten gefahren war.

Badetag

Zu den festen familiären Ritualen gehörte am Samstag das Wasch- und Schrubbefest für die ganze Familie. Wir hatten das Glück, eine Wohnung mit Badezimmer zu besitzen.

Dem kupfernen Ofen wurde tüchtig eingeheizt. Frische Wäsche für die ganze Familie lag bereit. Und dann ging es los, wie das Brezelbacken. Wir Kinder waren zuerst dran. Als Badezusatz kamen Brausetabletten, die nach Kiefernnadeln rochen und sich prickelnd auflösten, ins Wasser- oder etwas „Badusan". Für die Haare gab es ganz putzige kleine Kissen mit einer Portion Eishampoo. Jetzt noch etwas Florena ins Gesicht, und wir sahen aus wie rosa Spanferkel. Und nicht vergessen, die Zähne wurden fleißig mit der guten „Putzi" geschrubbt.

Anfang der 60er-Jahre gab es längst noch nicht in jeder Wohnung ein Badezimmer. Daher gehörte es zum Familienalltag, ab und zu ein öffentliches Wannen- oder Brausebad zu besuchen, so denn die Stadt über eine solche Einrichtung verfügte. In einzelnen Kabinen stand eine Wanne, meist nur mit lauwarmem Wasser oder eine Dusche. Ähnlich wie zu Hause konnten so Kind und Kegel einmal gründlich abgeseift werden.

Um zwischen den Badetagen gründlich gewaschen zu werden, bekamen wir Kinder ein Schüsselbad. Wir wurden in eine große Waschschüssel gestellt und von Kopf bis Fuß gesäubert. Richtige Spiele machten eben auch richtig schmutzig.

Beim Kreisspiel machten alle mit.

Nach den Sternen greifen

Mit unserem Geburtsjahr begann das Raumfahrtzeitalter. Am 4. Oktober 1957 startete die Sowjetunion vom Weltraumbahnhof Baikonur den ersten Erdtrabanten „Sputnik1". Der kugelförmige Satellit hatte einen Durchmesser von 58 Zentimeter und war 83,6 Kilogramm schwer. Der Erdtrabant war mit einem Funksender ausgestattet. Dieser war genau 21 Tage aktiv und strahlte ein Kurzwellensignal aus. Der Sputnik bewegte sich auf seiner Umlaufbahn zunächst in etwa 96 Minuten einmal um die Erde. Er verglühte 57 Tage nach dem Start.

Am 3. November 1957 wurde „Sputnik2" mit dem ersten Lebewesen, der Hündin Laika, ins Weltall geschossen, die dieses Abenteuer nicht überlebte. Anders dagegen die beiden Weltraumhunde Strelka und Belka, die am 13. August 1960 ihre Reise in den Weltraum starteten. Nach 18 Erdumkreisungen landeten sie am 20. August wieder sicher auf der Erde. Zehn Sputniks jagte die Sowjetunion in das Weltall. Das Wort Sputnik gehört zu den einhundert bekanntesten Wörtern des 20. Jahrhunderts.

Am 12. April 1961 startete der erste Mensch ins Weltall: Juri Gagarin. Der russische Kosmonaut umrundete mit der „Wostock 1" in 108 Minuten unseren blauen Planeten. Nach den Sputnikerfolgen hatte die Sowjetunion gegenüber den USA nun ein zweites Mal die Nase vorn. Wohl für alle Kinder des Ostblocks war Gagarin der große Held. Schulen wurden nach ihm benannt, Straßen und Plätze.

Im „Weltraumzeitalter" geboren, war für uns Jungs klar: Wir werden Kosmonauten, was sonst?
Später in der Schule bereiteten wir uns auf unseren vermeintlichen künftigen Beruf in den Arbeitsgemeinschaften „Junge Kosmonauten" vor, bastelten kleine Raumschiffe und entdeckten unser Interesse für ferne Planeten.

Vor dem Start des Sputnik2: die Hündin Laika.

Lotte Ulbricht und Juri Gagarin in Ost-Berlin.

1963–1966

$$1+1=2$$

Endlich zur Schule und mit Zuckertüte.

Bald ist es so weit

Der große Tag der Schuleinführung rückte immer näher. Viel gab es zu tun, um aus dem Kindergartenkind einen richtigen Schüler werden zu lassen. Die Bücher – Fibel und Rechenbuch – mussten sauber eingeschlagen werden, ebenso die Schreib- und Rechenhefte.

Mutti beschriftete jedes Heft mit dem Namen und der künftigen Klasse. Der richtige Füllfederhalter wurde ausgesucht. Glück hatte, wer einen „Pelikan" oder

Chronik

30. Juni 1963
Verlängerung des Schwangerschafts- und Wochenurlaubs, Erhöhung der Altersrente, Gewährung von leistungsabhängigem Zusatzurlaub, Zahlung von Nachtschichtprämien.

17. Dezember 1963
Das Passierscheinabkommen wird geschlossen, damit die Westberliner erstmals nach dem Mauerbau Ostberlin besuchen können.

2. Januar 1964
Neue Personalausweise werden ausgegeben, deren Inhaber sind jetzt „Bürger der Deutschen Demokratischen Republik".

16.–18. Mai 1964
Drittes und letztes „Deutschlandtreffen der Jugend" findet in Berlin statt. Aus diesem Anlass nimmt das Jugendradio „DT 64" seinen Betrieb auf.

1. August 1964
Es werden neue Banknoten ausgegeben. Zahlungsmittel ist jetzt „Mark der Deutschen Notenbank.

7. September 1964
Verordnung des Ministerrates über Besuchsmöglichkeiten von Rentnern der DDR in der BRD.

1. Dezember 1964
Der Zwangsgeldumtausch für Besucher aus der BRD in der DDR wird beschlossen.

19./20. Januar 1965
Der Warschauer Pakt schlägt eine europäische Konferenz zur Sicherheit in Europa und einen Nichtangriffspakt mit der NATO vor. Das ist die Einleitung der „Entspannungspolitik" in Europa.

19. August 1965
Die Verkündung milder Urteile im Prozess gegen 21 Kommandanten des KZ Auschwitz führen zu starken internationalen Protesten.

9. Mai 1966
Das erste Atomkraftwerk der DDR geht ans Netz. In Rheinsberg wird schon ein Jahr zuvor dafür der Grundstein gelegt. Die Sowjetunion liefert 36prozentig angereichertes Uran, das erst in Rossendorf bei Dresden zum Einsatz kommt.

„Geha" von den westlichen Verwandten bekam. Zeichenblock und Tuschkasten mit entsprechenden Pinseln vervollständigten die Ausrüstung. Bleistifte und Farbstifte wurden angespitzt und ordentlich in der Federmappe nebst Spitzer und Radiergummi verstaut.

Alles wurde sauber in den nagelneuen Ranzen gepackt, dazu ein Hausaufgabenheft und ein Stundenplan, der von der Lehrerin ausgefüllt werden würde. Nun galt es noch den Turnbeutel zu bestücken mit kurzer Hose, Sporthemd und Sportschuhen. Alles war bereit für den ersten Schultag.

Hurra, ich bin ein Schulkind

Der Weg zur Schule glich einer farbigen Prozession. Voran die ABC-Schützen, neu eingekleidet, ihren Ranzen auf dem Rücken, die Brottasche um den Hals. Im Schlepptau Eltern, Großeltern, Tanten und Onkel, Schwestern und Brüder. Einfache Rechnung für den Erstklässler, der eigentlich noch nicht rechnen kann – je mehr Verwandte dem Erstklässler ihr Geleit gaben, desto mehr Schultüten gab es als Geschenk.

Nach einer Feierstunde für die Neulinge war es besiegelt: Wir waren Schulkinder. Die zweite Klasse hatte mit Liedern und kleinen Geschichten die Neuen willkommen geheißen. Waren sie doch stolz, schon lesen und schreiben

zu können und nicht mehr die Knirpse der Schule zu sein. Im nächsten Jahr würden wir es sein, die die Neuen willkommen hießen.

Zu Hause wurden endlich die Tüten geplündert. Süßigkeiten purzelten heraus, Malstifte, sogar ein besonderer Schatz, echte Filzstifte, ein neues Kartenspiel, ein Büchlein und nützliche Kleinigkeiten fassten die spitzen Tüten aus Pappe. Bei einigen war zur Enttäuschung der Kinder die Spitze mit Seidenpapier ausgestopft oder mit Äpfeln.

Es wird ernst

Wenn der Lehrer die Klasse betrat, dann standen wir Kinder in unseren Bänken. Die Brigadeleiter meldeten „Brigade 1 zum Unterricht bereit". Das Ganze natürlich mit Pioniergruß. Erst dann gab es das Signal, sich zu setzen. Unsere Mathematiklehrer machten aus der stehenden Klasse ein beliebtes Kopfrechenspiel. Schnell wurden Aufgaben, wie „2+2" in die Klasse geworfen und wer zuerst antwortete, durfte sich setzen. Natürlich wollte keiner von uns bis zuletzt stehen bleiben. Munter für den Unterricht waren wir so auf alle Fälle.

Rechnen, Zeichnen, Lesen, Musik, Turnen, Schulgarten und Werken standen auf dem Stundenplan. Wir lernten aus Buchstaben Worte zu formen, Zahlen zu addieren, zu subtrahieren, miteinander malzunehmen und wieder zu teilen. Wir übten Kinderlieder und bastelten mit Buntpapier, bunten Blättern und Spanplatten. Wir hüpften und liefen in der Turnhalle oder auf dem Sportplatz und versuchten die glatte Kletterstange emporzukommen. Auf das Fach Schulgarten waren wir Schrebergartenkinder bestens vorbereitet. Schwierigste Übung: In der Stunde den Mund zu halten und nicht mit dem Nachbarn zu schwatzen.

Das Leben ist schwer, besonders mit Schulranzen.

Wenn wir etwas sagen wollten, mussten wir die rechte Hand heben, dabei nicht mit den Fingern schnipsen und warten, ob wir aufgerufen wurden.

In der großen Hofpause vertilgten wir unser Frühstücksbrot, dazu gab es in der Schule für jedes Kind einen Viertelliter Milch. Vollmilch kostete 15 Pfennig, Frucht- oder Kakaomilch 20 Pfennig.

Einmal im Jahr fiel eine Stunde aus. Dann kamen der Schularzt und der Schulzahnarzt. Wir reihten uns in einer Reihe auf. Wehe dem, der ein löchriges Gebiss hatte. Vor allen Kindern gab es einen Eintrag ins Muttiheft mit der Aufforderung, sofort einen Zahnarzt aufzusuchen. Mit Plattfüßen oder krummem Rücken wurden wir umgehend zum Orthopäden geschickt. Auch der Impfpass wurde kontrolliert. Ein engmaschiges Netz der Vorsorge, das keinem Kind geschadet hat.

Brockensplitter und Schlager-Süßtafel

Die DDR schmeckte nach „Brockensplitter". Der Haselnusskrokant in seiner typisch dreieckigen Form war eine Spezialität aus dem Harz. „Bambina" (Vollmilchülle mit einer karamellartigen Milchfüllung), „Schlager-Süßtafel" (eine weiße Schokolade) gehörten zu den Spezialitäten des VEB Schokoladen- und Süßwaren in Zeitz.

Der Brockenlikör mit Zuckerkruste kam ebenfalls aus dem Harz. Uns schmeckten süße Gummischlangen, Lakritze und gefüllte Creme-Waffeln. Kokosflocken mehrfarbig oder mit Schokolade überzogen waren beliebt, lösten sie doch manchmal das Problem mit einem bereits wackelnden Milchzahn. Brausepulver aus der Hand geschleckt gab es für ganze fünf Pfennig, Liebesperlen in kleinen Nuckelflaschen und Lutscher für ebenfalls fünf Pfennig. Die leer genaschten Fläschchen bekamen die Puppenmuttis oft im Tausch gegen eine Rolle saure Drops. Lolliballs für nur 20 Pfennige erfreuten uns, weil man an ihnen lange schlecken konnte.

Oft gingen wir auch einfach zum Bäcker, um kostenlos Kuchenränder zu holen. Die wurden damals noch abgeschnitten. Wer eine Schokoladenfabrik in der Nähe hatte, konnte für wenige Pfennig Nussbruch oder Schokoladenbruch in riesigen Tüten bekommen.

Endlich lesen

Im Leseland DDR wurde vom Leseanfänger bis zum Senior viel geschmökert. Kostenlos konnten wir in eigenen Kinderbibliotheken Bücher ausleihen. Bücher waren ausgesprochen preiswert. „Die Trompeterbücher" kosteten 1,75 Mark, „Robinsons Billige Bücher" zwei Mark und auch Geschichten aus dem Kinderbuchverlag waren durchaus erschwinglich.

Im Zweifelsfall ist der Schuldige gefunden, der eine ganze Generation Jugendlicher zu Krimifans erzogen hat. Er heißt Erich Kästner. „Emil und die Detektive" war das Krimischlüsselerlebnis für Kinder schlechthin. Wie fieberten wir mit Emil, Pony Hütchen und Gustav mit der Hupe.

Für Leseanfänger wurden die „ABC-Bücher" liebevoll gestaltet. Seit den 50er-Jahren erschien in immer neuer Auflage das beliebte Kinderlexikon „Von Anton bis Zylinder". 1957 fanden in Halle die ersten Tage der Kinderliteratur statt. Lesen war wie Schreiben, Ausdruck und Grammatik in den unteren Klassen ein

Wer fleißig liest, weiß viel. Urkunde über den Gewinn beim „Frösi"-Wissenswettbewerb.

eigenes Unterrichtsfach. Wir konnten im Unterricht und zu den Pioniernachmittagen unsere Lieblingsbücher vorstellen. Zu den beliebtesten Bilderbüchern unseres Jahrgangs gehörten „Das Katzenhaus", „Die kleine Biene Nimmersatt", „Ali Baba und die vierzig Räuber" und „Der gelbe Dickbauch".

Neben einer Vielfalt von Märchen- und Kinderbüchern gehörten auflagenstarke Kinderzeitungen zu unserer Lektüre. Über Geschmack lässt sich nicht streiten: Die einen liebten und sammelten die Ausgaben der langlebigsten beliebten deutschen Comiczeitschrift „MOSAIK". Von 1955 bis 1975 erschienen 223 Ausgaben, in denen die Digedags die Hauptrolle spielten. 1976 wurden sie von den Abrafaxen abgelöst. Andere Kinder bevorzugten die „Frösi" (Fröhlichsein und Singen) oder „Die ABC-Zeitung". Die monatlich erscheinenden Magazine enthielten viel Wissenswertes und interessante Bastelanleitungen.

Im Sommer ging's ab ins Freibad.

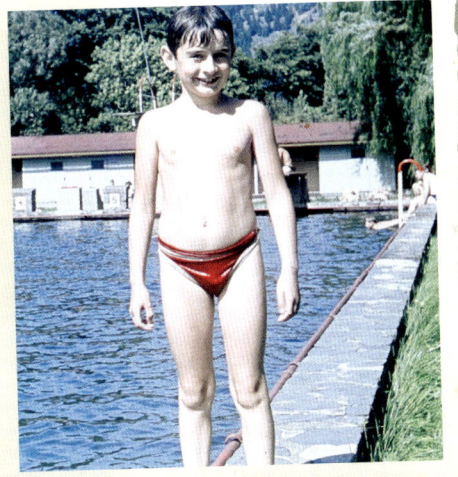

Typisch für unsere Zeit: Die Dreiecksbadehose.

Spiele

Der Hof, die Straße vorm Haus, der Garten – das
waren unsere liebsten Spielplätze. Wir spielten
„Hexe, wie tief ist das Wasser", „Meister gib uns
Arbeit auf", „Eins, zwei drei vier, Eckstein, alles
muss versteckt sein!", Völkerball, Fußball. Die
Serie „Rauchende Colts" wurde nachgespielt und
das Kind, das eine Zündplättchenpistole sein
Eigen nannte, war der absolute King. Die weni-
gen Autos, die gemächlich durch die Straßen
fuhren, ließen wir großzügig passieren und
spielten weiter.

Die Aufforderung der Berliner Göre Conny
Froboess „Pack die Badehose ein", die immerhin
aus den 50er-Jahren stammte, hatte nichts an
Zugkraft eingebüßt. Die öffentlichen Badeanstal-
ten wurden zum Naherholungszentrum für
Städter. An schönen Sommertagen wibbelte und
kribbelte es auf den Sommerwiesen, im Plansch-
becken und bei den Schwimmern. Wen störte der

Lärm, wen, dass schon mal ein kleiner eifriger Kinderfuß im mitgebrachten Kartoffelsalat landete. Das war Zilles Milieu in den modernen 60er-Jahren.

Die öffentlichen Spielplätze kamen unserem nimmermüden Bewegungsdrang entgegen. Schaukel, Wippe und Klettergerüst boten vielfältige Spielmöglichkeiten und wir nutzten sie gern.

Junge Pioniere

Zugegeben, die Pionierorganisation „Ernst Thälmann" spielte in unserem Leben keine unbedeutende Rolle. Wir hatten unseren ersten Ausweis, durften uns von Klasse eins bis drei Jungpioniere nennen, von Klasse vier bis acht Thälmannpioniere. Die Aufnahme in die Kinderorganisation war sehr feierlich und beeindruckte uns Knirpse schon. Da standen wir aufgereiht mit unseren blauen Hosen, die Mädchen mit Röcken, weißen Blusen mit dem Emblem der Organisation am linken Ärmel und bekamen das blaue Halstuch umgebunden. Die Aufnahme der Neulinge erfolgte meist am 13. Dezember, dem Pioniergeburtstag. Waren es 1959 nur etwas mehr als 50 Prozent der Schüler, die in die Pionierorganisation eintraten, war die Zahl 1989 auf zirka 98 Prozent gestiegen.

Zu Fahnenappellen mussten wir unsere komplette Kleidung tragen, zu Pioniernachmittagen reichte das Halstuch. Wir haben gern daran teilgenommen. Geboten wurden Märchennachmittage, Bastelstunden, Exkursionen, Kinobesuche und vieles mehr und das

Kleine fleißige Helfer werden belohnt.

32

alles nur für wenig Geld, meist sogar kostenlos. Fast jede größere Stadt hatte ein Pionierhaus mit zahlreichen Freizeitangeboten.

Die Häuser glichen einem Bienenstock. Aus jeder Wabe, sprich Zimmer, kamen andere Geräusche. Es wurde gesungen, musiziert, gelacht, gehämmert, getanzt und wir haben einfach viel Spaß gehabt.

Berlin verfügte seit 1979 sogar über einen Pionierpalast, dessen Mittelpunkt das „Kosmonautentrainingszentrum" war. Durch den großen Pionierpark, der schon seit 1951 existierte, tuckerte die Pioniereisenbahn, betrieben unter Anleitung Erwachsener von Kindern. Wir waren von der Straße, unsere Eltern konnten beruhigt arbeiten, weil sie uns sinnvoll beschäftigt und unter Aufsicht wussten. Neben den Offerten der Pionierorganisation gingen wir in die Christenlehre. Und wir machten die Erfahrung, dass die Geschichten aus der Bibel so spannend wie ein Krimi sein konnten. Wir haben auch im Kreis junger Christen viele schöne Stunden erlebt und Ausflüge gemacht.

Hilfsbereit

„Timur und sein Trupp" ist nicht nur der bekannteste Roman des russischen Schriftstellers Arkadi Gaidar, sondern war für uns Pioniere Programm. Die Themen des Buches wie Hilfsbereitschaft, Zusammenhalt und Freundschaft setzten wir in kleinen Gruppen in der Klasse um. Wir bezeichneten uns als

Fröhliches Mittagessen.

7. bis 10. Lebensjahr

Timurtrupp, wenn wir für ältere gehbehinderte Menschen in unserer Nachbar-
schaft einkaufen gingen, ihnen Holz und Kohlen die Treppen hinauftrugen oder
wenn wir mit unserem Handwagen von Haus zu Haus zogen, um Flaschen,
Altpapier und Lumpen zu sammeln. Diese konnten wir zwar in einer SERO-
Annahmestelle (Sero=Sekundärrohstoffe) in „klingende Münze umrubeln"
lassen, aber ein Teil davon kam immer in die Pionierkasse.

Kolonialwarenläden waren meist im Erdgeschoss von
Wohnhäusern untergebracht. Dieser Laden hatte
unserer Mutter gehört.

Einkaufen

Zu unseren kleinen Pflichten gehörte
das Einkaufen. Wie gern gingen wir
Kinder in einen richtigen Kolonialwarenladen. Kein Vergleich mit den
heutigen Supermärkten, in denen alles
mehrfach verpackt in Regalen der
Selbstbedienung harrt. In einem
richtigen Kolonialwarenladen wurde
man bedient. Es gab fast alles, bis auf
Zigaretten, Milch und Brot. „Ein Pfund
Sauerkraut bitte". Die Verkäuferin klappte den Deckel vom Fass auf und füllte
das Gewünschte in eine Tüte. Drei Salzgurken – der Griff ins nächste Fass. Der
goldgelbe Senf wurde ebenfalls mittels Hahn aus einem Fässchen in ein
mitgebrachtes Gefäß gedrückt.

Auf dem Verkaufstisch lockten Gläser mit roten Himbeerbonbons, Lakritze
und bunten Gummischlangen. Fein säuberlich unter Glas lagen einige Wurst-
sorten. Bevor die gewünschte Menge der Fleischwurst abgewogen wurde,
bekamen wir Kinder eine Scheibe zum Kosten.

Was fehlte noch? Ach ja, Schuhcreme für Vaters schwarze Schuhe. Auch die
gab es hier. Das Geld wurde abgezählt, Wechselgeld herausgegeben. Mit
einem artigen Dankeschön und meist einem Bonbon für den Einkauf machten
wir uns auf den Heimweg. Oftmals wurden wir von der Mutter noch einmal
losgeschickt, um mit der Aluminiumkanne im Milchgeschäft Milch und Butter

zu holen oder wir mussten beim Bäcker ein Dreipfundbrot für 78 Pfennig holen. Meist überfielen uns mit dem frisch duftenden Brot auf dem Heimweg kleine unsichtbare Mäuschen. Sie knabberten an den knusprigsten Stellen an dem frischen Brot herum. Mutter entdeckte die Knabberspuren sofort. Wir? – Ach wo!

Bei Festen spielten wir Cousins und Cousinen, Nichten und Neffen zusammen.

Gemeinschaftserlebnis Kartoffeln

„Keimstopp ausverkauft!" Dieses Schild in unserer Drogerie kündigte unweigerlich an, dass die Einkellerungskartoffeln in den nächsten Tagen kommen. Wenn es so weit war, trafen sich die gesamte Hausgemeinschaft, Nachbarn, fast die ganze Straße vor ihren Häusern. Dort, wo es möglich war, die Kartoffeln gleich durch das Kellerfenster in die vorbereitete Horde zu schütten, standen die Luken offen. Andere mussten ihren Wintervorrat an Erdäpfeln sackweise in den Keller tragen lassen. Wir Kinder mittendrin. Endlich kam der Wagen, entweder noch traditionell als Pferdefuhrwerk oder schon als Lkw. Wir hatten die Aufgabe Kartoffeln, die sich beim Weg in den Keller, auf welche Weise auch immer aus dem Staub machen wollten, einzufangen und in einem Eimerchen zu sammeln.

In der Natur spielte es sich am schönsten.

Keine Kartoffel sollte verloren gehen. Fein säuberlich abgetrennt von den Kohlen wurde der Wintervorrat in einer Horde untergebracht.

Die Regale gegenüber waren zur Zeit der Einkellerungskartoffeln schon dicht gefüllt mit eingekochtem Obst, eingelegten Gurken und Senfgurken, mit Marmelade aus Eigenfabrikation – alles frisch aus dem Schrebergarten. Der Winter konnte kommen.

Aufwärts

Die Einführung des „neuen ökonomischen Systems" sorgt für einen beachtlichen Aufschwung in der DDR und deutliche Lebensverbesserungen. Die wöchentliche Arbeitszeit sinkt von 45 auf 43,5 Stunden. Der Mindesturlaub steigt auf 15 Tage. Seit dem 9. April 1966 ist jeder zweite Samstag arbeitsfrei. 1967 wird generell die 5-Tage-Arbeitswoche eingeführt. Christliche Feiertage, wie der Ostermontag, der Buß- und Bettag und Himmelfahrt werden abgeschafft. Die Mindestlöhne steigen 1967 von 220 auf 300 Mark der DDR. Die Mindestrenten steigen auf 150 Mark.

Ende der 60er-Jahre zieht auch Technik in die meisten Haushalte ein. Jeder siebente Haushalt besitzt laut Statistik ein Auto, in den meisten Haushalten fehlen weder Kühlschrank, noch Waschmaschine, noch Fernseher. Zugegeben, die Wartezeit war oft lang. Bückware war das Zauberwort – diesen Begriff kannte in der DDR jeder.

Die Verkäuferinnen waren auf ihre Art Königinnen. Sie waren die Herrscherinnen über Waren, die jeder haben wollte und kaum jemand bekam, weil es sie so selten und wenn, dann nur in kleinen Mengen gab. Zunächst wurden die Verwandten und guten Bekannten bedacht. Was übrig blieb, ließ sich vielleicht clever tauschen. Wer in der DDR nicht über den sogenannten Bezugsschein B (=Beziehungen), verfügte, war selbst schuld und hatte Pech. Zu viele Dinge des Alltags gehörten in die Kategorie Mangelware: Von Handwerkszeug über Möbel bis hin zu Ananasbüchsen. Also hieß es für die Beziehungslosen, regelmäßig die Geschäfte zu durchstöbern, sich in lange Schlangen einzureihen oder einfach ein bisschen Glück zu haben.

Herrliche Winterzeit

Ein Jubelschrei! Über Nacht ist Schnee gefallen. Es gab sie für uns noch, die echten Winter, die Eisblumen an die Fenster malten, mit einer dicken weißen Pracht, die selbst in Städten wochenlang liegen blieb. Der Holzschlitten wurde aus dem Keller oder vom Boden geholt, die Kufen ordentlich gewachst. Der Schlitten in seiner Form und Beschaffenheit hat so Jahrzehnte überlebt.

Auf dem Weg zur Schule probten wir schon einmal, wie sich die Flocken anfühlten, pulvrig trocken oder matschig nass kurz vorm Tauen. Eine Schneeballschlacht tobte. Wir schlitterten über vereiste Pfützen. Wir stapften durch hohe Schneeberge am Rande der geräumten Gehsteige. Wir schleckten Eiszapfen und freuten uns auf die Rodelpartie nach der Schule. Auch für Flachlandtiroler gab es überall einen Hügel, der so lange berodelt wurde, bis Erde und Gras die Abfahrten ausbremsten. Dann zog die Karawane weiter zur nächsten kleinen Erhebung.

Die Hosen waren inzwischen bis zu den Knien nass und gefroren, denn Thermohosen aus feinstem Nylon kannten wir nicht. Die Fäustlinge aus Wolle wärmten längst nicht mehr, so nass waren sie von Schnee und Eis. Zu alledem war der Schnee beim Rodeln und Toben in die Schuhe gelaufen. Erst wenn wir vor Kälte buchstäblich klapperten und Füße und Hände steif waren, wurde der Rückzug nach Hause angetreten. Zu Hause „bullerten" die Kachelöfen. Wohlige Wärme durchzog die ganze Wohnung. Zeit für uns, aufzutauen. Während wir uns mit dem Rücken an die wärmenden Kacheln drückten, bereiteten die Mütter uns einen heißen Tee oder unseren geliebten Kakao. Besonders schön war es, wenn es dazu leckere selbst gebackenen Plätzchen gab. Die feuchten Sachen trockneten längst am Ofen. Wir durften noch bis zum Abendbrot spielen. Meist waren wir von der Bewegung an der frischen Winterluft so müde, dass wir nach dem Sandmann ohne zu murren ins Bett gingen und augenblicklich einschliefen.

Die „fuwo", geliebt und gesammelt.

7. bis 10. Lebensjahr

Wie der Vater, so der Sohn

Wenn Vater in seiner Freizeit im Keller, Schuppen oder auf dem Hof werkelte, wollten wir angehenden „Männer" helfen. Noch durften wir keinen Hammer schwingen und die Säge war tabu. Aber wir reichten Schrauben oder Nägel zu, hielten ein Brett, in der Hoffnung, dass kein Schlag unsere kleinen Finger traf.

In vielen Familien wurde, um Geld zu sparen, selbst tapeziert. Dann standen wir mit an der Wand und kratzten die alte Tapete herunter. Wenn sich freiwillig ein riesiges Stück löste, waren wir stolz wie die Könige. Eine wirkliche Unterstützung waren wir sicher nicht. Wie sollten wir die riesigen Tapetenbahnen halten und Muster an Muster gerade an die Wand bringen? Aber wenn Vater auf der Leiter stand und einen Pinsel brauchte, dann konnten wir ihm den schon zureichen.

Sicher wären viele von uns heute nicht so geschickte Heimhandwerker, wenn wir nicht von frühester Jugend an gelernt hätten, dass man (fast) alles selber kann (oder tun muss). Bei der Verwendung des spärlichen Handwerkssortiments war Fantasie angesagt. Wer beispielsweise auf einer Terrasse oder dem Gehweg vor dem Haus die Spalten verfugen wollte, hatte nicht etwa eine Fugenkelle zur Hand. Oftmals musste ein Löffelstiel diese ersetzen. Und es ging auch ganz gut.

Zur Belohnung für den Arbeitseifer und die „große Hilfe", wie Vater betonte, gingen wir „Männer" der Familie samstags ins Fußballstadion. Die Mütter strickten einen Schal in den Farben des Lieblingsklubs und nähten den passenden Wimpel. Fanartikel, wie wir sie heute kennen, gab es damals nicht. Ich sagte ja immer, selbst ist der Mann. Entschuldigung, natürlich auch die Frau!

Wie die Mutter, so die Tochter

Fast alle Mädchen waren kleine Hausmütterchen. Ihre Aktivitäten beschränkten sich nun nicht mehr auf die Puppen, sondern sie wollten sich in der Wohnung nützlich machen. Plätzchen ausstechen konnten sie schon als Vorschulkinder. Jetzt verlangten sie nach den höheren hausfraulichen Weihen. Sie durften mal Vaters Taschentücher bügeln oder bei der Wäsche helfen und beispielsweise

Eltern und Schwester Bärbel.

der Mutti Hemdchen und Höschen zum Aufhängen auf der Leine zureichen. Erst das Wäschestück, dann zwei Klammern. In der großen Wohnküche bereiteten die kleinen Mädchen Obst zum Einkochen vor. Sie gingen selbst einkaufen, wir Jungs natürlich auch. Und sie sahen beim Kochen zu. Sie lernten, dass Zwiebeln zu häuten unweigerlich Tränen bedeutet, wenn man es nicht richtig macht. Sie durften abwaschen oder das Geschirr abtrocknen.

Nie wären wir Jungen auf die Idee gekommen, einen Häkelhaken in die Hand zu nehmen, um Topflappen zu fertigen. Auch die Staubtücher und deren Einsatz überließen wir dem weiblichen Geschlecht.

1967-1970

Mifa und Glockenjeans

1967-
1970

Antreten zum Fahnenappell.

Weiter geht's

Neue Fächer kamen hinzu. Lernstoff, der uns Jungen interessierte, wie Physik, Chemie und Biologie, aber auch Russisch als Fremdsprache, die wir nur sehr widerwillig lernten.

Die naturwissenschaftlichen Fächer hatten ein großes Plus. Mit den Unterrichtsmaterialien ließen sich prima Streiche à la „Feuerzangenbowle" aushecken. Wenn die Mädchen meinten, sich seit Neustem penetrant parfümieren zu müssen, da gab es zum Glück einen Stoff, der jedes Duftwässerchen übertönte.

Chronik

20. Januar 1967
In Torgau wird der Wettbewerb „Schöner unsere Städte und Gemeinden. Mach mit!" ins Leben gerufen. Der Wettbewerb löst die Initiative Nationales Aufbauwerk (NAW) aus den 50er-Jahren ab.

1. Mai 1967
Elvis Presley heiratet Priscilla Beaulieu.

25. August 1967
In der Bundesrepublik Deutschland beginnt die Ära des Farbfernsehens.

12. Januar 1968
In der DDR wird ein neues Strafgesetzbuch beschlossen.

6.–18. Februar 1968
Bei den Olympischen Spielen in Grenoble gehen erstmals zwei deutsche Mannschaften an den Start.

20./21. August 1968
Den Reformbestrebungen der tschechoslowakischen Regierungsspitzen Dubcek und Swoboda (Prager Frühling) wird durch den Einmarsch der Truppen des Warschauer Paktes ein Ende gesetzt.

8. Mai 1969
Kambodscha nimmt als erstes nichtkommunistisches Land volle diplomatische Beziehungen zur DDR auf.

20. Juli 1969
Die amerikanischen Astronauten Neil Armstrong und Edwin Aldrin landen als erste Menschen auf dem Mond.

1. Januar 1970
Einführung der einheitlichen Personenkennzahlen in der DDR.

19. März 1970
Treffen der Regierungschefs der BRD und der DDR Willy Brandt und Willi Stoph in der thüringischen Bezirksstadt Erfurt.

7. Oktober 1969
In Berlin wird der Fernsehturm für die Bevölkerung geöffnet.

26. Jun i 1970
Im Kino läuft der erste Film mit der Olsen-Bande.

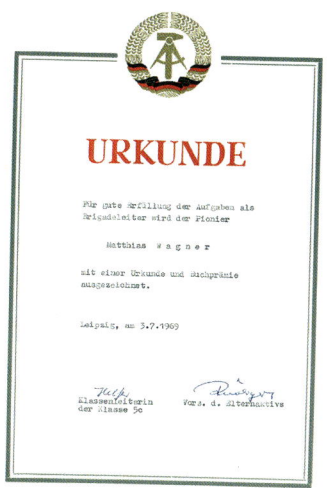

Urkunde als Brigadeleiter.

Ein paar Tropfen Buttersäure und sie hätten eine Straßenbahn oder einen Bus für sich allein gehabt. Es gab für die Untat einen Eintrag ins Hausaufgabenheft und die obligate Ermahnung der Eltern, doch die Schule ernster zu nehmen. Schließlich stellten die Klassen sieben und acht die Weichen für den weiteren schulischen Weg mit oder ohne Abitur.

„Wenn du nicht ordentlich lernst, wirst du eben Straßenfeger oder musst putzen gehen", versuchten uns die Eltern die eigene Zukunft in schwärzesten Farben zu malen und gleichzeitig zum Lernen zu animieren. Neben den Zensuren spielte es eine große Rolle, wie aktiv wir uns als Pioniere in der Schule an Arbeitsgemeinschaften, Pioniernachmittagen, überhaupt am gesellschaftlichen Leben in der Schule beteiligten. Viele ließen sich schon aus diesem Grund zum Brigadeleiter, in den Gruppenrat oder sogar in den Pionierrat der Schule wählen.

11. bis 14. Lebensjahr

Gleich zwei Weihnachtsmänner beschenkten die Kinder zur Betriebsweihnachtsfeier.

Weihnachten

Das Weihnachtsfest war unbestritten das schönste Familienfest für uns Kinder. Am frühen Nachmittag des Heiligen Abends haben wir mit dem Vater gemeinsam den Baum geschmückt. Dann wurden wir von unserer Mutter aus dem Wohnzimmer verbannt. Wir waren nicht ganz bei der Sache, wenn wir mit unserem Vater „Schwarzer Peter", „Halma", „Mühle" oder „Mensch ärgere dich nicht" spielten, um die uns endlos erscheinende Zeit bis zur Bescherung zu überbrücken. Denn wir wussten, Mutti bereitet für alle den Gabentisch vor.

Eigentlich gab es bei uns zwei Gabentische. Denn neben den Geschenken der Familie standen auf einem anderen Tisch die Pakete, die schon seit Tagen unsere Neugier weckten. Wir wünschten uns Röntgenaugen, versuchten sie zu beschnuppern, sie zu schütteln, doch sie wahrten ihr Geheimnis bis zum 24. Dezember. Erst dann wurden die Westpakte ausgepackt. Das Päckchen mit Zutaten für die Weihnachtsbäckerei war ja schon viel früher gekommen. In diesen Pappkartons unterschiedlicher Größe waren ausschließlich Weihnachtsgeschenke für die Familie.

Weihnachten wurde die Eisenbahn aufgebaut.

Um Weihnachten herum wurde für uns Jungen immer die Eisenbahn ausgepackt. Eine Platte von 1,50 mal 2,50 Metern füllte schon fast ein Zimmer. Wie
da die „Picco H0" durch die Landschaft sauste. Selbst Väter konnten dem
Drang nicht widerstehen, mitzuspielen.

Wir Jungen hatten es mit Geschenken, ob zu Weihnachten oder zu Geburts-
tagen, besser als die gleichaltrigen Mädchen. Denn wie es Tradition war,
begann die Familie für die Tochter des Hauses die Aussteuer zusammenzustel-
len. So lagen auf dem Gabentisch Bettwäsche, Handtücher und umhäkelte
Taschentücher. Das waren zwar nett gemeinte Geschenke, aber wirkliche
Begeisterungsstürme riefen sie bei unseren Schwestern nicht hervor. Etwas
Modisches zum Anziehen wäre ein Volltreffer gewesen.

Städte erhalten ein neues Gesicht

LEIPZIG

Um die große Wohnungsnot zu bekämp-
fen, setzte in den 60er-Jahren in der
DDR ein wahrer Bauboom ein. Häufig
wurden am Rand der Städte Großsied-
lungen in Plattenbauweise errichtet. Ein
typisches Beispiel sind Hoyerswerda
oder Halle-Neustadt. Die historischen
Altstädte dagegen verfielen zunehmend.
Von den Menschen wurden die Neubau-
wohnungen begeistert aufgenommen,
denn sie boten einen guten Standard mit u.
a. Zentralheizung und fließend warmem
und kaltem Wasser.

Der Bauboom beschränkte sich nicht auf
Wohnungen. Zu den neuen Bauwerken,
auf die man in der DDR stolz war, gehörte
der am 3. Oktober 1969 in Betrieb
genommene Fernsehturm in Berlin,
Telespargel genannt. Mitte der 60er-Jahre
wurde in der Hauptstadt der Alexander-
platz umgebaut. In der Messemetropole
Leipzig entstand unter anderem der neue
Karl-Marx-Platz mit der Universität als
zentralem Blickfang. Uns Jungen zogen
die vielen riesigen Baustellen wie
magisch an. Nachdem wir bisher
Kosmonaut, Cowboy oder Lokomotiv-
führer hatten werden wollen, nahm unser
Berufswunsch nun konkretere Formen an.
Als Architekt wollten wir Häuser planen
oder als Bauleiter solche gigantischen
Bauvorhaben umsetzen. Und wer von uns
aus einer Architektenfamilie stammte, hatte
vielleicht besonders gute Chancen, seinen
Berufswunsch zu verwirklichen.

Urlaub in der ČSSR.

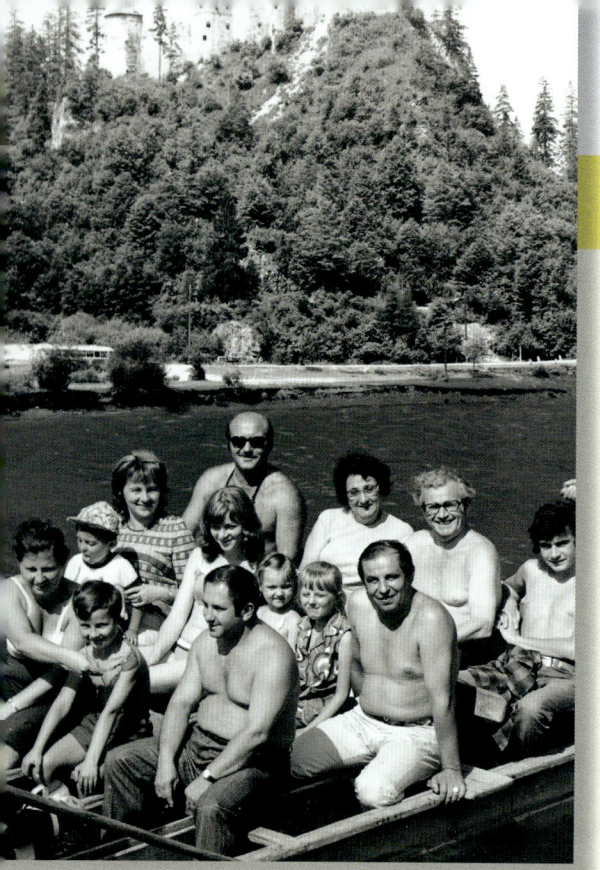

Reiseziele

Es war möglich, privat oder mit dem Reisebüro ins sozialistische Ausland zu fahren. Zu den ferneren Zielen gehörte das Schwarze Meer mit bekannten Badeorten wie Sotschi und Pizunda. In Rumänien wurden Mamaia und Constanta, ebenfalls am Schwarzen Meer, angeboten, Ungarn empfahl sich mit dem Plattensee, die ČSSR mit Hoher Tatra und Riesengebirge. Polen lockte mit Zopot und Danzig im Norden, Zakopane in der Hohen Tatra im Süden. Für einen Auslandsaufenthalt musste Wochen vorher ein Visum beantragt werden. Unsere Mark der DDR wurden bei der Notenbank der DDR in Lewa, Rubel, Kronen, Forint oder Zloty „umgerubelt".

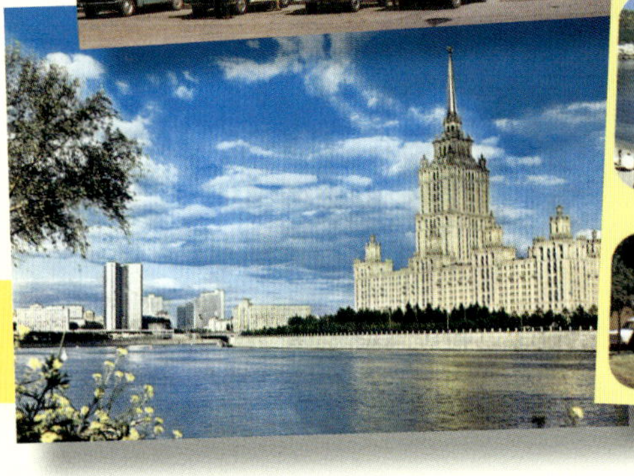

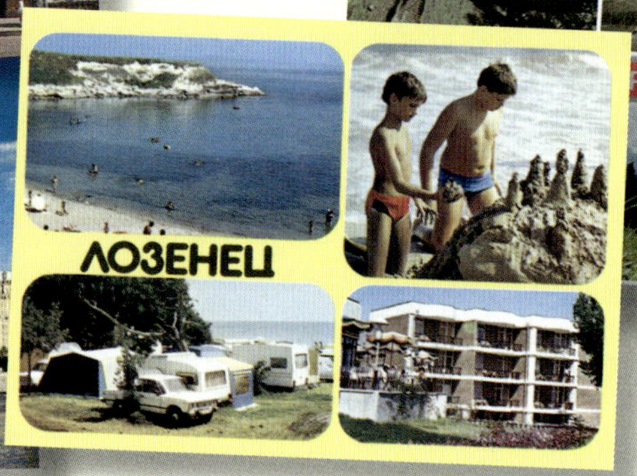
ЛОЗЕНЕЦ

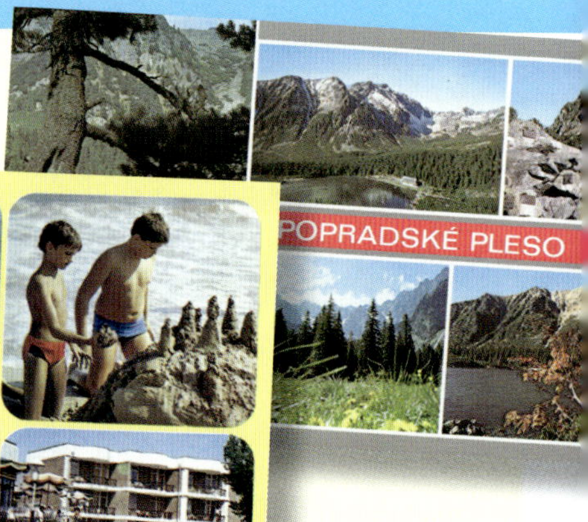
POPRADSKÉ PLESO

Urlaubsziele in sozialistischen Nachbarländern.

Wie viel jeweils umgetauscht werden durfte, bestimmte der DDR-Staat. Und das Geld für Devisen wurde sehr knapp bemessen. Wer mit dem eigenen Pkw in Freundesland ausreiste oder wieder einreiste, musste sich meist strenge Zollkontrollen gefallen lassen. Bei der Ausreise wurden die Reisenden gefilzt, um festzustellen, ob sie Schwarzgeld für den Umtausch im Ausland versteckt hatten. Bei der Wiedereinreise in die DDR suchten die Grenzschützer hauptsächlich versteckte Westzeitungen und Illustrierte. Was haben wir uns nicht alles für Verstecke einfallen lassen. Im Sanikoffer des Autos, unterm Wagenheber, den Fußmatten, beim Ersatzrad. Wurde das geschmuggelte Geld gefunden, konfiszierte es der Zoll und es wurde Meldung an den Betrieb des bösen Delinquenten erstattet. Gerade in Ungarn gab es so viele Sachen, die sich jeder Reisende gern mitgebracht hätte, wie modische Kleidung oder Schallplatten mit westlichen Beatgruppen. Also half nur, möglichst geschickt ein paar DDR-Mark zu schmuggeln und sich im Lande so manchen Urlaubsgenuss zu verkneifen.

Der Teufel hat den Schnaps gemacht

… um uns zu verderben. Aus Sicht unserer ersten Alkoholtests stimmt das wohl. Wer von uns hat nicht den Luzifer lachen gehört, als uns von der ersten Schnapssause so richtig hundeelend war? Aber einen Selbstversuch haben alle pubertierenden Generationen überlebt. Zuerst das Bier. Dass da eine Flasche fehlte und Vater unseren Mundraub entdeckte – kaum vorstellbar. Na ja, ein Genuss war es im Vergleich zu Fassbrause und Vitacola nicht gerade. Ein Schluck von dem selbst gebrauten Eierlikör, am besten im Schokobecher. Schon besser, klebt nur ein bisschen und macht Durst. Schön süß, aber der Primasprit im Likör hatte es in sich. Was ist denn Aromatique, den die Eltern manchmal nach dem Essen tranken? Pfui Teufel, schmeckte ja wie Hustensaft. Martini klang sehr erwachsen, also ein großes Glas „Gothano". Viel zu bitter!

Der Kopf bekam mächtig Umdrehungen, der Magen fing an zu revoltieren, vielleicht ein Schluck von Vaters Allerheiligstem – dem guten grusinischen Cognac. Schnell etwas Wasser nachfüllen, damit der Raub nicht auffiel. Alles drehte sich, man mochte es gern ungeschehen machen und schwor sich: nie wieder! Ja, ja, der Teufel hat nun mal den Schnaps gemacht …

Freie Deutsche Jugend

Mit 14 Jahren wurden die Jugendlichen in die Freie Deutsche Jugend (FDJ) aufgenommen. Die Jugendorganisation war bereits im März 1946 gegründet worden. Ihr Markenzeichen war eine blaue Bluse mit einem Emblem auf dem Arm, das eine aufgehende Sonne zeigt. Der Eintritt in die Massenorganisation war freiwillig. Wer Abitur machen und später studieren wollte, hätte es sich nicht leisten können, kein Mitglied zu werden. Die Jugendorganisation veranstaltete Festivals, wie die bekannten Deutschlandtreffen 1950, 1954, 1964 zu Pfingsten oder organisierte die legendären Internationalen Weltfestspiele. Sie schuf Jugendklubs und organisierte viele Freizeitaktivitäten. Die FDJ hatte sogar ein eigenes Reiseunternehmen „Jugendtourist", das spezielle Fahrten ins Ausland anbot, sogar ins nicht sozialistische Ausland. Nur kein „Normalsterblicher" kam in den Genuss einer solchen Reise. Der monatliche FDJ-Beitrag kostete 20 beziehungsweise 30 Pfennig im Monat.

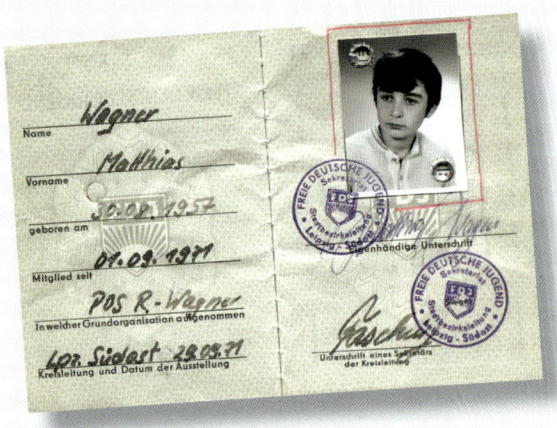

Beatlemania

Es war eine Epidemie, die sich rasend schnell ausbreitete. Der Virus erfasste Mädchen und Jungen gleichermaßen und veränderte eine ganze Generation. Von der „Beatlemania" wuchsen die Haare bei den männlich Infizierten zu einem langen Bob. Die Erwachsenen schüttelten den Kopf und waren der Meinung, wir sähen wie Gammler aus. So wie auch bei den Mädchen die Haare zu einer richtigen Mähne wurden, während die Röcke kürzer und kürzer wurden. Mit oder ohne Stimmbruch, wir grölten die Hits der Beatles oder Rolling Stones mit und wollten Gitarre oder Schlagzeug spielen lernen.

Die Hosen waren über der Hüfte und den Schenkeln so eng, dass es eines Schuhlöffels bedurfte, um sie anzuziehen. Dafür hatten sie um den Fuß einen riesigen Schlag. Die Glocken-Jeans waren schon Kult. Und jeder versuchte statt einer „WISENT-Nietenhose" aus der Jugendmode eine echte Levi's-Markenjeans zu ergattern. Dazu war aber leider wieder die Westverwandtschaft gefragt. Echte Schlaghosen haben wir uns damals schneidern lassen, am liebsten in Manchesterstoff.

Mobil mit Drahtesel

Ging es um den Fahrradkauf, konnte man zwischen zwei Marken wählen. Der einfache Slogan hieß „Wer Mifa fährt, ist Dresche wert." Und „Wer Mifa lenkt, gehört aufgehängt." Hinter der Bezeichnung Mifa verbargen sich als Hersteller die Mitteldeutschen Fahrradwerke in Sangerhausen. Die Räder galten als robuste Tourenräder und kosteten im Durchschnitt unter 300 Mark. Der Konkurrent „Diamant" galt als hochwertiger, teurer und sportlicher. Bei vielen von uns war das erste Rad eine Vorkriegsware gewesen, teilweise mit Gesundheitslenker und von uns selbst aufgebaut. Jetzt wollten wir endlich sportlich sausen. Nicht alle Eltern konnten für ein Diamant-Rad, und das sollte es schon sein, mehr als 300 Mark berappen. Wir haben uns das Geld teilweise selbst verdient. und wenn es durch mühsames Kegelaufstellen in einer Kegelbahn war.

Existieren bis heute. Die Mitteldeutsche Fahrradwerke AG MIFA in Sangerhausen.

Mit dem neuen Fahrrad erweiterte sich unser geografischer Horizont mächtig. Wir trafen uns in der Jungsclique, fuhren mit Kofferheule ins Grüne, haben heimlich unsere erste Zigarette gesmokt, ein Bier getrunken (das zweite schmeckte schon besser), nach gleichaltrigen Mädchen Ausschau gehalten. Aber die wollten von uns eigentlich nicht viel wissen. Größere Jungen waren angesagt und nicht „das grüne Gemüse aus der eigenen Klasse" (Originalton einer Schulkameradin!).

Die Pube begann

Wir Jungen und die Mädchen nahmen gleichermaßen staunend Veränderungen an unserem Körper wahr. Bei uns sprossen erste Bartstoppeln und leider auch Pickel. Die Mädchen zeigten erfreuliche Rundungen an den richtigen Stellen. Eigentlich wäre es an der Zeit gewesen, uns aufzuklären, aber unsere Eltern taten sich schwer mit dieser Aufgabe. Die Väter drückten sich, die Mütter sprachen mit ihrem erwachsen werdenden Sohn nicht über Sexualität und Liebe.

Das „Magazin" stand in dieser Zeit hoch im Kurs, war in ihm doch ein Aktfoto enthalten, das unsere Fantasie als Jungen beflügelte. Und so passierte es öfter, dass sich nachts im Bett etwas regte und die Hose des Schlafanzuges feucht wurde. Auch darüber wurde zu Hause nicht gesprochen. Besser waren jene Jungen und Mädchen dran, die im Urlaub mit Eltern und Geschwistern Freikörperkultur pflegten und deren Mütter oder Väter zur Aufklärung eines der schönsten Kinderbücher einsetzten: „Janoz: Vati, wo kommen die Kinder her?"
So einfach kann es sein.

Erste Feten

Die ersten Klassenfeiern fanden statt, bei denen auch getanzt werden konnte. Noch fanden wir Jungen tanzen doof, aber mit 14 Jahren war diese Art des Körperkontakts fast die einzige Möglichkeit, ein Mädel mal so richtig eng in den

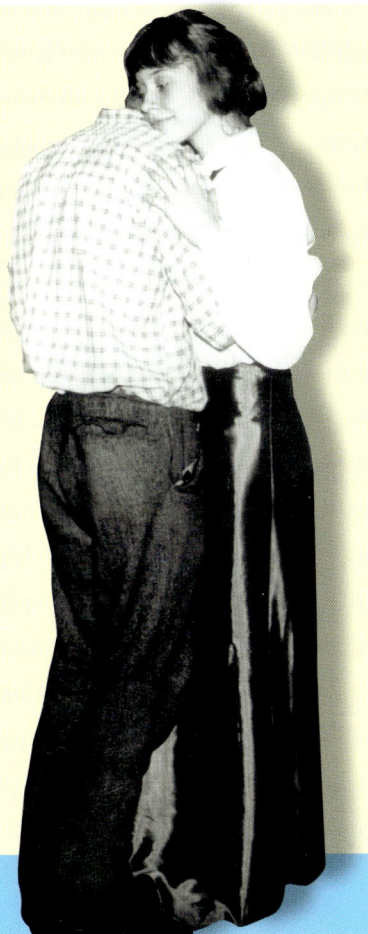

Arm zu nehmen. Meist waren es aber die Mädchen, die uns zum Tanz auffordern mussten. Sie waren nach meiner Ansicht in dieser Zeit weiter und stärker am anderen Geschlecht interessiert. Dabei waren diese Feiern so harmlos, dass man, wenn man heute daran denkt, schmunzeln muss.

Der Klassenraum wurde ein bisschen ausgeschmückt und umgeräumt, zwei Lehrer führten die Aufsicht, um zu vermeiden, dass ein Schüler Alkohol hineinschmuggelte. Geraucht werden durfte nicht. Wir Jungen verzogen uns auf Schultoilette oder in den hintersten Winkel des Pausenhofes. Die Beatmusik unserer Lieblingsbands, wie den Beatles oder den Rolling Stones, dröhnte durch das ganze Schulhaus.

Männlein wie Weiblein trug Einheitslook: Jeans. Manche unserer Mitschülerinnen lockten mit Miniröcken, die wie breite Gürtel aussahen. Dabei nutzten die Mädchen die Situation für erste „Verschönerungsaktionen" und hatten ordentlich in die Schminktöpfe der Mütter gelangt.

Muss Liebe schön sein!

Sammlerleidenschaft

Ab dem 14. Lebensjahr setzte bei uns Jungs eine Sammlerleidenschaft ein, die dazu führte, dass wir unsere Kinderzimmer zumüllten. Mit den Briefmarken, fein säuberlich in Alben sortiert, waren wir schon längst durch. Nun holten wir uns den Westen ins Haus. Zu den Lieblingsobjekten gehörten leere Zigarettenschachteln. Sie wurden passgerecht zuschnitten und aus den farbigen Verpackungen von HB, Ernte 23, Marlboro und Lord Extra gestalteten wir unsere individuellen Wandzeitungen.

Leere Schnapsflaschen wurden aufgestellt und manche Bols-Bottel mit Tropfkerze zum edlen Kerzenständer umfunktioniert. Natürlich machte unsere Sammlerleidenschaft auch vor Bierdeckeln nicht Halt. In der Schule verbotene

Mit 14 schon wie eine junge Dame und sehr modisch.

Beatles-Bilder machten die Runde. Plakate von unseren Lieblingsbands wurden aufgehängt. Die Kuscheltiere verschwanden in einer Kiste. König in der Klasse war, wer regelmäßig die „Bravo" im Freundeskreis herumgeben konnte.

Die großen Ferien

Endlich war es so weit. Wieder ein Schuljahr vorbei. Acht Wochen Sommerferien. Vorher gab es allerdings die unvermeidlichen „Giftzettel", wie wir unsere Zeugnisse nannten. Na ja, hätte wie immer in diesem oder jenem Fach besser ausfallen können. Aber insgesamt sah es gar nicht schlecht aus und wir waren ja auch in die nächste Klasse versetzt worden. Mit guten Vorsätzen gingen wir in den Urlaub. Meist fuhren wir zunächst mit den Eltern an die See oder ins Gebirge. Hatten Vater oder Mutter keinen FDGB-Platz oder einen im betriebseigenen Heim ergattert, dann streckten sie schon im Winter ihre Fühler nach einem Privatquartier aus, versuchten, über das Reisebüro an einen Urlaubsplatz zu kommen oder wir campten.

Blieben noch sechs Wochen Sommerferien übrig. Wir konnten uns für ein Betriebsferienlager anmelden, in ein Pionierlager fahren oder an den Ferienspielen in unserer Schule teilnehmen. Je älter wir wurden, desto mehr Spaß machte es uns, ohne Vater und Mutter im Gepäck zu reisen. Es war herrlich, mit Gleichaltrigen in einem riesigen Zelt zu schlafen, gemeinsam Streiche auszuhecken und den ständigen Ermahnungen der Eltern – mach dies nicht, mach jenes nicht, sitz ordentlich am Tisch – für drei Wochen entgangen zu sein. In der Gemeinschaft schmeckten uns sogar Gerichte, die wir zu Hause verweigert hätten und kaum einer von uns nahm ordentlich an Gewicht zu. Und schließlich konnten unsere Gruppenleiter, die täglich einen Sack Flöhe hüten mussten, ihre Augen nicht überall haben. Heimlich pafften wir mal eine, Pfeffis hatten wir immer parat, mal wagten wir es ein Bier zu trinken, heimlich, wenn wir schlafen sollten, versteht sich.

Blieben trotz Urlaub mit den Eltern und Ferienlager noch Ferientage übrig, dann gingen wir, wenn beide Eltern arbeiteten, in die Ferienspiele unserer Schule oder blieben als Schlüsselkinder zu Hause.

In den Ferienlagern wurde viel und gern gewandert.

1971 - 1975

UTP und Schwalbe

Rund um die Uhr beschäftigt

Mit unseren 14, 15 Jahren waren wir
keine Kinder mehr, aber eben auch noch
keine Erwachsenen. Wir wussten noch
nicht so recht, in welche Richtung unser
Lebensschiff steuert. Was wollten wir mal
werden? Hobbys hatten wir ja genug. Wir
waren Mitglied in Arbeitsgemeinschaften, wie Zeichenzirkel, Kosmonauten,
Naturfreunde, Heimatforscher oder Techniker. Dann die Sportgemeinschaft,
aber daraus einen Beruf machen? Zu den schönsten Erlebnissen gehörte es,
wenn der Vater mit dem Sohne samstags ins Fußballstadion ging, die favori-

Chronik

3. Mai 1971
Auf der 16. Tagung des Zentralkomitees der SED muss Walter Ulbricht als Erster Sekretär der SED zurücktreten. Erich Honecker wird zum Nachfolger gewählt.

3. September 1971
Das Viermächteabkommen über Berlin wird unterzeichnet.

15. Januar 1972
Beginn des visafreien Verkehrs in die ČSSR und nach Polen.

11. Februar 1972
Aus dem Deutschen Fernsehfunk wird „Fernsehen der DDR".

21. November 1972
Die DDR wird als 131. Mitglied der UNESCO aufgenommen.

21. Juni 1973
Der Grundlagenvertrag zwischen der DDR und der BRD tritt in Kraft.

28. Juli–5. Aug. 1973
25 000 Teilnehmer aus 240 Ländern sind bei den X. Weltfestspielen der Jugend und Studenten dabei.

1. August 1973
Walter Ulbricht stirbt.

18. September 1973
Die DDR und die BRD werden Vollmitglied der UNO.

1. Januar 1974
An den Autos der DDR steht ab sofort statt eines „D" ein „DDR".

30. April 1975
Die kommunistischen Streitkräfte nehmen Saigon ein. Der Vietnamkrieg ist beendet.

15. Juli 1975
Die erste gemeinsame Raumfahrtmission (Apollo-Sojus-Projekt) der USA und der UdSSR startet. Zwei Tage später findet ein Treffen im All statt.

9. Oktober 1971
In Karl-Marx-Stadt wird der „Nüschel" enthüllt.

7. Mai 1974
Willy Brandt tritt zurück.

sierte Mannschaft vor Ort anzufeuern. Klar, dass man auf dem Rang alles besser konnte nach dem Motto „Warum schießt denn die Pfeife nicht".

„Sie Esel!"

Sicher ist bei den meisten von uns mit dem Stichwort Jugendweihe zuallererst ein Geschenk verbunden. Da griffen die Eltern schon einmal tiefer in die Tasche oder es gab etwas, was zum sogenannten Erwachsensein gehörte. Die Luftmatratze zum vorhandenen Zelt symbolisierte – ja, du darfst mit Freunden zelten gehen. Tonbandgerät, Kofferheule, ja, hör' deine eigene Musik in deinem Zimmer, in Klammern dazu, aber bitte nicht so entsetzlich laut.

Wir wurden in einen Anzug gestopft, Hemd und Krawatte versteht sich. Ein Teil von uns fühlte sich in der Verkleidung unheimlich männlich, der andere wie im Korsett. Die Mädchen nutzten natürlich diesen Tag, um sich herauszuputzen und volle Kriegsbemalung anzulegen. In den ungewohnt hochhackigen Schuhen stolzierten die meisten wie ein Storch im Salat auf die Bühne, um die Urkunde in Empfang zu nehmen. Sie diente gewissermaßen als Beweisstück, dass wir in den Kreis der Erwachsenen aufgenommen waren. Die Feierstunde verlief nach Strickmuster

Made in DDR: ein Festredner mit einem Hoch auf den Staat, ein Hoch auf die Partei und ein Hoch auf die Jugend. Wir legten als hoffnungsvolle Zukunft unser Gelöbnis ab und die private Familienfeier mit Geschenkeverteilung konnte beginnen.

In der Schule änderte sich manches. Die Lehrer sprachen uns Halbwüchsige jetzt mit Sie an, und Sie Esel sagt sich bekanntlich schwerer als du Esel. Unseren Lieblingslehrern gestatteten wir großzügig weiter die vertraute Anrede mit du.

In einigen Familien folgte fast unmittelbar nach der Jugendweihe die Konfirmation, die je nach Einstellung, klein und verschämt oder erst recht groß gefeiert wurde.

Vieles ändert sich

Klassengemeinschaften wurden ab der neunten Klasse neu gemischt. Einige aus der vertrauten Klasse waren auf die Erweiterte Oberschule gewechselt, um das Abitur nach der zwölften Klasse abzulegen, neue Schüler kamen hinzu, um mit uns gemeinsam bis zum Abschluss der zehnten Klasse zu büffeln. Irgendwie hatten wir kapiert, dass wir ein ordentliches Zeugnis brauchen, um unseren Wunschberuf erlernen zu können.

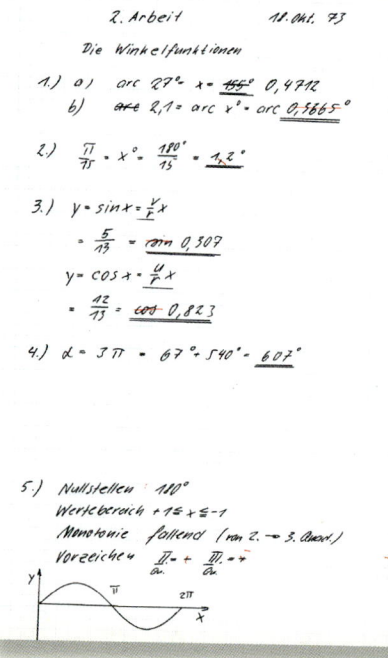

Eine Mathematikarbeit in der neunten Klasse. Fraglich, ob wir die Aufgaben heute noch lösen könnten.

Für die Mädchen ging es vorrangig um eine kaufmännische Lehre zur Industriekauffrau oder Handelskauffrau, Sekretärin oder Friseuse. Wir Jungen wollten am liebsten alle Automechaniker werden, um den ganzen Tag an irgendwelchen Fahrzeugen herumschrauben zu können. Fest stand, jeder und jede würde einen Ausbildungsplatz bekommen. Arbeitslosigkeit, keine Lehrstelle, das war für uns nicht vorstellbar.

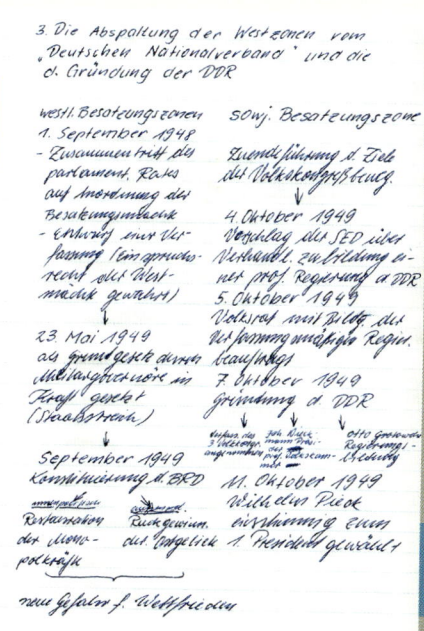

Geschichtsunterricht á la DDR.

UTP

Der Unterrichtstag in der Produktion (UTP) sollte uns mit der sozialistischen Produktion vertraut machen. Dazu gab es strenge Richtlinien. So war es verboten mit Privatfahrzeugen, wie Fahrrad oder Moped in die Fabrik zu kommen. Mitzubringen hatten wir Waschzeug. Wir wurden auf Pünktlichkeit, ordnungsgemäße Kleidung, besonders festes Schuhwerk, möglichst keine Synthetik,

Segelschulschiff „Pomorza" in Gdynia. Mancher träumte von einem Beruf auf hoher See.

15. bis 18. Lebensjahr

hingewiesen und wir bekamen eine umfangreiche Einweisung in den Gebrauch von Messgeräten, Maschinen und andere technische Einrichtungen. Der Unterricht hätte Spaß machen können, wenn wir mit einer sinnvollen Aufgabe betraut worden wären. So war es meist aber nicht. Wir feilten, sägten und schraubten, oft mit dem Gefühl, es handele sich um reine Beschäftigungstherapie.

Charlton Heston in „El Cid".

Faszination Kino

Das Fernsehen konnte uns vom regelmäßigen Kinobesuch nicht abhalten. Schließlich war es ja eine Familienveranstaltung, Vater bestimmte, was gesehen wurde und mit einer Freundin etwas knutschen ging schon gar nicht. Also trugen wir einen Teil unseres Taschengeldes in die Lichtspielhäuser. Filme zum Vergnügen und zum Kuscheln waren „Ein heißer Sommer" mit dem DDR-Traumpaar Frank Schöbel und Chris Doerk, wie auch „Solo Sunny" und die Legende von „Paul und Paula" mit den unvergessenen Titeln der DDR-Kultband Puhdys.

Für DEFA-Indianerfilme konnten wir unsere kleine Freundin selten begeistern. Die DEFA drehte alljährlich einen Western mit dem Bild des bösen Weißen, der den guten Indianer unterdrückt. Als oberster Indianerhäuptling der DDR hatte sich der Jugoslawe Gojko Mitic verdingt. Streifen, wie „Tecumseh", „Ulzana", „Blutsbrüder" sahen wir gern. Kult waren in jener Zeit auch die Filme der Olsen-Bande, Filme mit Luis de Funes und richtige Hollywoodschinken mit historischem Touch wie „El Cid". Und dann gab es das andere Kino, nämlich als Schulveranstaltung, gedacht als anschauliche Geschichtsstunde. Ehrlich, wer von euch hat auf diese Art nicht die legendären Streifen „Ernst Thälmann

– Sohn seiner Klasse", „Ernst Thälmann – Führer seiner Klasse" oder „Nackt unter Wölfen", „Ich war neunzehn" und Literaturverfilmungen wie „Die Abenteuer des Werner Holt" oder „Der geteilte Himmel" gesehen?

Diskothek für 90 Pfennig

Richtig, unsere Disco wurde mit „k", Disko, geschrieben. Sie wollte sich ja als Einrichtung für sozialistisches Jugendleben präsentieren. In puncto Feiergewohnheiten würden wir damaligen Halbwüchsigen mit den heutigen Teenagern wie Lady Sunshine und Mister Moon wirken. Spätestens um 24 Uhr, meist jedoch viel früher, mussten wir zu Hause sein. Zu dieser mitternächtlichen Zeit geht bei der heutigen Jugend erst richtig die Post ab. Wir hörten live Konzerte regionaler Bands wie Sterncombo Meissen, Modern Soul Band, Renft und in Diskos Bands, die Titel der Beatles, Rolling Stones, Hits von Veronika Fischer, von Karat und natürlich den Puhdys oder Bee Gees nachspielten.

Die Mädchen hatten an uns gleichaltrigen Jungen wenig Freude, denn die meisten von uns waren ausgesprochene Tanzmuffel. Zwar gehörte es zum guten Ton eine Tanzschule zu absolvieren, aber Klosterbrüder mal ehrlich, wem hat das wirklich Spaß gemacht? Die Mädchen ließen auch unter sich ganz der Musik hingegeben ihre Hüften kreisen. Und wir beobachteten die Szene, um einer Schönen eindeutige Signale zu senden. Mit dem Gespenst eines ungewollten Kindes konnten die Eltern nicht mehr drohen.

Das Sexual-Standardwerk in der DDR hieß „Mann und Frau intim" von Dr. Siegfried Schnabel. In der Tageszeitung für die Jugend „Junge Welt" wurde eine Rubrik von beiden Geschlechtern besonders gern gelesen: „Unter vier Augen" von Jutta Resch-Treuwerth. Auch Jugendmagazine, wie „Neues Leben" griffen Themen der Sexualität frei auf. Es gab die Pille und seit dem 9. März 1972 den Erlass des Gesetzes über die Unterbrechung der Schwangerschaft. Ab 18 Jahren konnte die Frau bis zum dritten Monat frei entscheiden, ob sie ihr Kind austragen will, bei jüngeren Mädchen hatten die Eltern das Sagen.

Vogelwelt mit PS

Im Simson-Werk in Suhl wurden den Mopeds und Motorrollern Vogelnamen verliehen. Der kleine „Spatz" wurde ab 1964 gebaut. Die Tankanordnung und Sitzbank war schon fast wie bei einem Motorrad. Der „Star" war eine Weiterentwicklung des „Spatzes". Viele Jugendliche in der DDR wollten ein Einsteigermotorrad. Diesen Wunsch erfüllte Simson 1966 mit dem „Sperber". Sein Motor brachte es immerhin auf krasse 4,6 PS. Der „Sperber" hatte als Neuerung ein Vier-Gang-Getriebe und brachte es auf 75 km/h. Der „Sperber" verkaufte sich nicht so gut wie erwartet. Ursachen vermuteten die Hersteller darin, dass für das Gefährt ein richtiger Führerschein vonnöten war, wie auch ein Motorradkennzeichen. Simson brachte eine gedrosselte „Sperber"-Variante auf den Markt.

Als letztes Modell der Vogelserie wurde von 1972 bis 1975 der „Habicht" gebaut. Die DDR folgte dem weltweiten Trend zum Roller. Im Westen setzte man auf „Vespa & Co." In der DDR wurde von 1964–1986 am besten die „Schwalbe" verkauft. Bereits mit 15 Jahren konnte man Kleinkrafträder bis 50 Kubikzentimeter Hubraum lenken, mit 16 Jahren war für Motorroller der Klasse 1 (Schwalbe, Spatz) ein Führerschein möglich.

Mein ganzer Stolz – mein Motorrad.

Money, Money

Geld konnten wir brauchen ohne Ende, denn die Wünsche wuchsen und wurden teurer. Von den Eltern gab es das festgesetzte Taschengeld. Davon ließen sich Ausgaben wie Kino, Eis oder ein Bier bestreiten, aber keine größeren Anschaffungen.

In den Ferien suchten wir uns Jobs. Am besten waren Tätigkeiten, bei denen wir Urlaub und Arbeit miteinander verbinden konnten. Jahrelang haben wir mit Freunden in Ückeritz an der Ostsee gezeltet. Am Tag genossen wir den unbeschwerten Strandurlaub, am Abend meldeten wir uns in der HO des Zeltplatzes zur Arbeit. Wir haben Regale für den nächsten Tag neu gefüllt, angefaultes Obst aussortiert, Gemüsestiegen neu bestückt und uns damit unseren Urlaub und etwas für den „Sparstrumpf" verdient. Vierzehn Tage der langen großen Ferien wurde intensiv gearbeitet, ich persönlich als Hilfskoch in einem Hotel.

Auch während Schulzeit und Lehre nahmen wir Nebenjobs an. Eine prima Lizenz zum Geldverdienen bot sich als Komparse oder Statist in Theater, Film und Fernsehen. Bei Film und Fernsehen gab es fünf Mark in der Stunde, beim Theater zehn Mark am Abend. Mit 18 Jahren stand so die erste MZ ES 250 vor der Tür, gebraucht, aber tipptopp für 450 Mark. Wir zwei Freunde haben uns diesen „heißen Ofen" zusammen gekauft und waren stolz wie die Spanier.

Als Statist in Plenzdorfs „Buridans Esel" am Theater.

Echte Lehrjahre

Mit 16 verließen wir die Schule. Fiel das Abschlusszeugnis einigermaßen gut aus, bestand die Chance, einen Wunschberuf zu erlernen. Unser Leitgedanke bei der Wahl des künftigen Berufes war, dass sich das Erlernte möglichst in Feierabendarbeit einsetzen lässt. Ein Automechaniker war Mangelware, und es wurde in mancher heimischen Garage lackiert und geschraubt. Einen Fliesenleger privat an der Hand zu haben, bedeutete einen Fünfer im Lotto und ein Heizungsmonteur, einer der noch schweißen kann, sollte in Nebenjobs schon ordentlich Kohle machen.

Zwei Jahre lang gingen wir abwechselnd in die Berufsschule und in unseren Ausbildungsbetrieb. In einem volkseigenen Unternehmen ging es streng nach Ausbildungsrichtlinien. Wir brauchten weder für die Frau Meisterin einzukaufen, noch deren Pudel auszuführen. Wir lernten das Wichtigste in Maschinenkunde, erwarben, worauf man besonders stolz war, einen Schweißerpass und nach Abschluss der Lehre die Option an einer Fachschule das Ingenieurstudium aufzunehmen. Wir bekamen regelmäßig unsere Lehrlingslohn und fühlten uns stark.

Der erste Urlaub mit geborgtem Trabi.

Minigolf und Liebe

Wenn wir nicht Minigolf spielten, was gerade in Mode gekommen war, dann tranken wir ordentlich Bier und klopften Skat. Es war die Zeit kurz vor unserem 18. Geburtstag, in der wir uns sehr erwachsen vorkamen. Natürlich spielten auch die Mädchen in dieser Zeit eine Rolle. Aber eine ernste? Bei den meisten von uns war Familienplanung noch nicht in den aktiven Wortschatz aufgenommen. Wir verliebten uns, wir entliebten uns, wir schwärmten, wir küssten uns und waren auch durchaus nicht abgeneigt, weiter zu gehen.

Es war schon schön, Hand in Hand mit einem hübschen Mädchen durch die Stadt zu schlendern. „Seht her, was für ein toller Hecht ich bin." Und später dann mit ihr im dunklen Park ein wenig allein zu sein.

Unmöglich in jener Zeit ein fiktiver Dialog. „Hey Mama, das ist Silke. Sie schläft mal ein paar Tage in meinem Zimmer. Plan sie bitte mit dem Essen ein. Und lieb wäre es, wenn du frische Handtücher ins Bad legst." Mutter hätte einen Schlaganfall bekommen.

Planwirtschaft

Die Herstellung und Produktanzahl wurde für einen bestimmten Zeitraum festgelegt. Mit dieser Planwirtschaft war wenig Raum für Flexibilität. Engpässe bei Waren des täglichen Bedarfs waren vorprogrammiert, wie auch Hamsterkäufe. Da in der zweiten Hälfte der 70er-Jahre die DDR-Bürger befürchteten, dass aufgrund der Weltwirtschaftslage die Engpässe zunehmen würden, hamsterten sie. So wurde zum Beispiel im Konsument Warenhaus Dresden an einem Tag für 31,0 TM Haushaltswaren umgesetzt, bei einem vergleichbaren Plan von 11,0 TM. Um den Devisenmangel zu beheben, wurden die am meisten gefragten einheimischen Produkte wie Waschmaschinen oder Porzellan exportiert. Das fehlte wiederum auf dem inländischen Markt.

Wer die Möglichkeit hatte, ging im VEB Exquisit einkaufen, ein Laden mit anspruchsvolleren Waren, die meist auch ins westliche Ausland exportiert wurden, und wer über Westgeld verfügte, ließ westliche Verwandte im Intershop einkaufen.

Trautes Heim, Glück allein

Um eine eigene Familie zu gründen reichten keine zwei Liebenden, die den Bund der Ehe eingingen. Sie hatten vorher harte Prüfungen zu lösen. Wo sollte das junge Glück leben? Aus der Zeitung mehrere Wohnungen ausgesucht, eine genommen. Stopp, so ging das nun wirklich nicht. Es gab kaum noch private Hausbesitzer, stattdessen Wohnungsbaugesellschaften und Wohnungsgenossenschaften. Ohne Kind stand dem Paar nur eine schlichte Einraumwohnung zu. Na gut, dann wurde die Ausstattung wenigstens nicht zum Problem, denn Möbel und Tapeten gab es nur mit langen Wartezeiten. Und was man dann bekam, na ja. Junge Leute entwickeln bekanntlich ihren eigenen Geschmack, der weit von den gängigen Blümchentapeten, langen teuren Stores entfernt lag und Plastemöbel nun nicht herzerfrischend fand. Sollte sich Familiennachwuchs einstellen, dauerte es wieder mit dem Umzug in eine größere Wohnung. Darüber konnte keiner frei entscheiden.

Wie verliebt wir waren.

Spagat

Wer bei den Internationalen Weltfestspielen in Berlin 1973 dabei war, schwärmte von einem einmaligen Erlebnis. Partei und Regierung ließen sich solche Feste einiges kosten und verstanden es, sie perfekt zu inszenieren. Ob bei der großen Sportschau, die hauptsächlich Studenten der Deutschen

Hochschule für Körperkultur (DHFK) aus Leipzig präsentierte, einem giganti-schen internationalen Karnevalszug, der durch Berlins Straßen tanzte und rollte, ob bei internationalen Kulturprogrammen, wir Jugendlichen waren begeistert.

Auch außerhalb von solchen Höhepunkten wurde viel für die Nachwuchsge-neration getan. Und das alles subventioniert. Wir nahmen es mit offenen Händen, mit Freude und Stolz. Gleichwohl schielten wir mit einem Auge nach westlichen Begehrlichkeiten. Ob es um Klamotten, Platten oder Reisemöglich-keiten ging. Wir waren voller Pläne für unser künftiges Leben.

Party im Lehrlingswohnheim.

Die erste große Liebe.
Manche hält bis heute.